Dein Job, dein Rhythmus!

Work-Life-Balance in neuen Arbeitswelten

Von derselben Autorin

Dein Wert bist du

Dein Stress, deine Regeln!

Nicole Jung

Dein Job, dein Rhythmus!

Work-Life-Balance in neuen Arbeitswelten

FSC
www.fsc.org
MIX
Papier aus ver-
antwortungsvollen
Quellen
Paper from
responsible sources
FSC® C105338

© 2025 Nicole Jung
Verlag: BoD · Books on Demand GmbH, Überseering 33, 22297 Hamburg,
bod@bod.de
Druck: Libri Plureos GmbH, Friedensallee 273, 22763 Hamburg

ISBN: **978-3-8192-2761-5**

Über die Autorin

Nicole Jung ist Expertin für mentale Gesundheit, Selbstführung und moderne Arbeitskultur. Als Coachin und Autorin begleitet sie Menschen u auf dem Weg zu mehr Klarheit, Balance und echter Wirksamkeit im Berufsalltag.

Mit ihrem erfolgreichen Buch *„Dein Stress, deine Regeln!"* hat sie bereits Leser:innen inspiriert, eigene Stressmuster zu erkennen und neue Spielregeln für ein selbstbestimmtes Leben aufzustellen.

In *„Dein Job, dein Rhythmus!"* knüpft sie daran an und zeigt, wie wir in einer sich wandelnden Arbeitswelt unseren ganz eigenen Takt finden können – jenseits von starrer Präsenzpflicht, Dauerverfügbarkeit und Selbstoptimierungsdruck.

Nicole Jung lebt, was sie weitergibt: empathisch, reflektiert und mit einem klaren Blick für das, was wirklich zählt – im Leben und im Job.

„Ich glaube nicht daran, Menschen zu verändern. Ich glaube daran, sie zu ermutigen, sie selbst zu sein.“
– Virginia Satir

Inhaltsverzeichnis

Vorwort

Willkommen in einer Arbeitswelt, die sich schneller verändert, als viele von uns Schritt halten können – und die gleichzeitig mehr Freiheit, Verantwortung und Verwirrung mit sich bringt als je zuvor.

Zwischen Zoom-Calls und Zeitdruck, Coworking und Couch, Selbstausbeutung und Sinnsuche stehen wir mitten in einer Transformation. Einer, die nicht nur unsere Jobs, sondern auch unser Selbstverständnis von Arbeit, Leistung und Leben neu ordnet.

Dieses Buch ist dein Kompass für genau diesen Wandel.

Wenn du *„Dein Stress, deine Regeln"* gelesen hast, weißt du: Es geht nicht um starren Perfektionismus, sondern um persönliche Klarheit und bewusste Entscheidungen. *„Dein Job, dein Rhythmus"* knüpft daran an – jedoch mit einem neuen Fokus: Wie du dich in einer hybriden, flexiblen, manchmal chaotischen Arbeitswelt orientieren und neu erfinden kannst, ohne dich selbst zu verlieren.

Denn Work-Life-Balance ist heute nicht mehr das fragile Gleichgewicht zweier klar getrennter Welten. Es ist ein Zusammenspiel aus Energie und Entlastung, Fokus und Freiheit, Rhythmus und Rückzug. Du brauchst keine neue Routine – sondern deinen ganz eigenen Takt. Und genau dabei begleite ich dich.

In diesem Buch geht es nicht nur um Theorie.

Du findest Reflexionsimpulse, Werkzeuge und konkrete Praxisübungen, Bonusteile am Ende des Buches sowie im Anhang wertvolle Tipps mit denen du deine Arbeitsweise, deinen Alltag und dein Energielevel bewusster gestalten kannst – egal ob du im Homeoffice arbeitest, ein Team führst oder auf der Suche nach einer beruflichen Neuorientierung bist.

Ich lade dich ein, deinen Platz in dieser neuen Welt der Arbeit aktiv zu gestalten – mit Klarheit, Mut und echtem Gespür für dich selbst. Denn die besten Arbeitswelten beginnen nicht im Büro.
Sondern in dir.

I. <u>Orientierung im Wandel</u>

1. Zwischen Zoom und Zeitgefühl – Warum wir neue Wege gehen müssen

„Es ist nicht genug, zu wissen, man muss auch anwenden. Es ist nicht genug, zu wollen, man muss auch tun."
– Johann Wolfgang von Goethe

Die Welt der Arbeit verändert sich – schneller, umfassender und tiefgreifender, als wir es je für möglich gehalten hätten. Und mit ihr verändert sich auch unser Alltag. Wo früher ein fester Arbeitsplatz, geregelte Bürozeiten und klar definierte Rollen vorherrschten, erleben wir heute ein Kaleidoskop aus Homeoffice, hybriden Meetings, Chatnachrichten statt Flurgesprächen – und einer ständigen Erreichbarkeit, die kaum noch Pausen kennt.

Viele von uns fühlen sich in diesem Wandel zwischen den Stühlen. Einerseits bietet die neue Arbeitswelt Chancen: mehr Flexibilität, mehr Selbstbestimmung, mehr Individualität.

Andererseits wird sie von vielen als unübersichtlich, anstrengend und überfordernd erlebt. Die Grenzen zwischen Arbeit und Leben verschwimmen. Die Klarheit, wo der Arbeitstag endet und das eigene Leben beginnt, geht immer mehr verloren.

Und genau hier beginnt unsere gemeinsame Reise: bei der Suche nach Orientierung.

Dieses Buch ist kein weiterer Effizienz-Ratgeber. Es geht nicht darum, wie du noch mehr in weniger Zeit schaffst.

Stattdessen möchte ich dir helfen, wieder in Kontakt zu kommen – mit dem, was dir wirklich wichtig ist. Mit deinem inneren Kompass. Mit deiner Energie. Mit deinem eigenen Rhythmus.

Denn genau dieser persönliche Rhythmus wird in neuen Arbeitswelten immer wichtiger. Nicht mehr die starre Trennung von Work und Life bringt Balance, sondern ein bewusstes Ausbalancieren. Ein flexibles, selbstverantwortliches Gestalten von Arbeit, Pausen, Beziehungen, Erholung und Sinn.

Dieses Kapitel soll dir einen Einstieg geben – eine erste Einladung zur Reflexion:
Was brauchst du, um gut zu arbeiten – und gut zu leben?
Was bedeutet für dich Erfolg?
Wo möchtest du Grenzen setzen, und wo Neues wagen?

Vielleicht findest du hier keine endgültigen Antworten. Aber vielleicht findest du etwas viel Wertvolleres: den Mut, zu fragen. Und den Raum, zu gestalten.

2. Zoom, Zonen, Zeitnot – Die Realität hybrider Arbeit

„Der Mensch ist nicht für den Dauerzustand gemacht – nicht für ständige Erreichbarkeit, nicht für ständige Anpassung."

Hybrides Arbeiten ist gekommen, um zu bleiben – doch viele von uns sind innerlich noch auf der Flucht. Zwischen Video-Calls, Slack-Benachrichtigungen, Homeoffice-Routine und spontanen Bürobesuchen verschwimmt, was früher klar war: **Wo beginnt mein Job, wo hört mein Tag auf? Und was ist eigentlich noch Freizeit?**

🔍 Zwischen Effizienz und Erschöpfung

Was auf den ersten Blick wie neue Freiheit wirkt – arbeiten, wo und wann man will – entpuppt sich bei genauerem Hinsehen oft als ein neues Korsett. Viele Menschen berichten von:

- **Diffusen Arbeitszeiten**: Der Arbeitstag beginnt mit dem ersten Blick aufs Smartphone – und endet oft nicht einmal, wenn der Laptop zugeklappt ist.
- **Dauerverfügbarkeit**: „Nur noch kurz auf eine Mail antworten…" wird zur Gewohnheit.
- **Konzentrationsverlust**: Zwischen Familienleben, Tür klingelndem Paketboten und E-Mails um 22 Uhr ist Deep Work kaum mehr möglich.

Hybrides Arbeiten braucht mehr als einen Laptop und eine stabile Internetverbindung – es braucht neue **Zonen**, neue **Rituale** und eine neue **Selbstführung**.

Räume neu denken: Wo beginnt Fokus?

Im Büro hatte man seinen Arbeitsplatz, seine Meetingräume, die Kaffeeküche. Zuhause? Da ist oft alles eins. Und das hat Folgen:

- **Ohne klare Räume keine klare Rolle.** Wenn du vom Küchentisch arbeitest, isst, liest und dich mit Freunden triffst, wird dein Gehirn nicht automatisch in den „Fokusmodus" wechseln.
- **Fehlende räumliche Trennung führt zu mentaler Vermischung.** Das Homeoffice ist nicht per se schlecht – aber es verlangt bewusste Gestaltung.

Impuls:
Welche Zonen hast du in deinem Alltag – physisch und mental? Gibt es Rückzugsräume? Gibt es einen bewussten Arbeitsbeginn oder -schluss?

Zeit wird zur Falle – oder zur Ressource

Was früher durch Pendelzeiten und Mittagspausen strukturiert war, verschwimmt heute. Viele erleben ein Gefühl von **Dauerzeitnot**, obwohl sie theoretisch flexibler sind.

Warum?
Weil die Grenze zwischen *verfügbarer Zeit* und *geplanter Zeit* wegfällt. Und weil hybride Arbeit oft bedeutet: **mehr Abstimmung, mehr Kommunikation, mehr Unsicherheit.**

Dazu kommt: In vielen Organisationen wurde „hybrid" einfach als zusätzliches Format eingeführt – **nicht als neue Haltung**. So arbeiten viele im Präsenzmodus **und** im Online-Modus – gleichzeitig. Kein Wunder, dass das erschöpft.

🧘 Fazit

Hybrides Arbeiten ist mehr als eine technische Herausforderung. Es ist eine **mentale, emotionale und strukturelle Neuorientierung**. Wer hier bestehen will, braucht Klarheit über:

- Die eigenen Bedürfnisse
- Den eigenen Rhythmus
- Und die Fähigkeit, Räume und Zeiten bewusst zu gestalten.

 ***Praxisimpuls:* Deine Zonen-Checkliste**

Nimm dir 10 Minuten Zeit und beantworte:

1. **Wo arbeite ich am besten?** Was fördert meinen Fokus?
2. **Welche Zeit am Tag gehört nur mir?** Wie schütze ich sie?
3. **Wo verschwimmen berufliche und private Räume – und warum?**
4. **Wie könnte ich bewusster zwischen den Rollen wechseln (z. B. mit kleinen Ritualen, Pausen, Kleidung, Musik)?**

Hybride Arbeit ist nicht weniger fordernd – sie fordert nur anders.

Und genau deshalb ist sie eine Chance. Für neue Klarheit. Für echten Wandel. Und für deinen eigenen Rhythmus.

3. Always on – Vom digitalen Dauerfeuer zur bewussten Grenze

„Es ist nicht die Last der Arbeit, die uns zerreibt – es ist das ständige Gefühl, verfügbar sein zu müssen."
– Nicole Jung

Die digitale Welt hat vieles leichter gemacht – aber kaum etwas ruhiger. Smartphones, Laptops, Messenger, Push-Benachrichtigungen: Sie bringen die Welt zu uns. Und gleichzeitig rauben sie uns oft das Wichtigste überhaupt – **unsere Aufmerksamkeit.**

Ständig verfügbar zu sein, ständig *on* zu sein, war nie unsere Natur. Und doch ist es zur stillen Erwartung geworden – im Beruf wie im Privaten.
Wer nicht sofort antwortet, wirkt desinteressiert. Wer nicht erreichbar ist, gilt als unzuverlässig.
Und genau hier beginnt die Spirale, die uns erschöpft.

🔥 Dauerfeuer als Normalzustand

In einer Studie der DAK gaben 84 % der Berufstätigen an, regelmäßig außerhalb der Arbeitszeiten auf dienstliche Nachrichten zu reagieren. Viele tun das nicht, weil es verlangt wird – sondern weil es **ungeschriebenes Gesetz** geworden ist.

„Nur mal kurz die Mails checken", „noch schnell auf Slack antworten", „ich schreib das später noch im Zug" – was wie Flexibilität wirkt, wird zum **unsichtbaren Stressfaktor**.

Die Folgen:

- Konzentrationsprobleme
- Schlafstörungen
- Erhöhte Reizbarkeit
- Gefühl der Fremdbestimmung

Unser Gehirn braucht **Phasen echter Pause** – nicht nur die Abwesenheit von Arbeit, sondern die Abwesenheit von *Erreichbarkeit*.

Wo sind deine Grenzen?

Digitale Grenzen müssen wir **neu erfinden**, weil sie uns nicht mehr durch Raum und Zeit vorgegeben werden. Wenn das Büro in der Hosentasche steckt, müssen wir selbst definieren:

- Wann ist „Arbeitszeit"?
- Wann ist „Pufferzeit"?
- Wann ist „Ich-Zeit"?

Es geht nicht um Abschottung – es geht um Bewusstsein.
Wer sich klare Zeiten für Erreichbarkeit setzt – und sie auch *kommuniziert* – schützt nicht nur sich selbst, sondern stärkt auch die Klarheit im Team.

⬤ Der Mythos der ständigen Verfügbarkeit

Viele denken: *Ich muss immer erreichbar sein, sonst verliere ich den Anschluss.*
Doch das Gegenteil ist der Fall. Die besten Ideen, die klügsten Entscheidungen, das meiste Wachstum entsteht in **Momenten der Tiefe**, nicht der Hektik.

Multitasking ist ein Mythos.
Was wir tatsächlich tun, ist „Task Switching". Und das kostet Energie – jedes Mal.
Immer wieder.
Jede neue Nachricht, jedes neue Ping kostet dich **mentalen Fokus**.

⚲ Praxisimpuls: *Digitale Grenzen gestalten*

1. **Erreichbarkeits-Zeiten festlegen:**
   Definiere für dich (und dein Team), wann du erreichbar bist – und wann nicht. Z. B.:
   „Zwischen 9:00 und 17:30 erreichbar – keine Mails nach 18 Uhr."

2. **Technik bewusst nutzen:**
   Nutze „Nicht stören"-Modi, arbeite mit Fokus-Zeit im Kalender, aktiviere Mailpausen.

3. **Rituale einführen:**
   Starte und beende deinen Arbeitstag bewusst – z. B. mit einer
   kurzen Reflexion, Atemübung oder einem klaren Signal wie
   Musik oder einem Spaziergang.

4. **Dein persönlicher „Digital Detox":**
   Plane feste Offline-Zeiten pro Woche ein – ganz ohne Bild-
   schirm, Notifications oder Newsfeed. Schon 30 Minuten am
   Tag wirken Wunder.

Fazit

Ständige Verfügbarkeit ist kein Zeichen von Einsatz – sondern oft
von fehlender Abgrenzung.

Erst wenn du lernst, digitale Räume bewusst zu betreten und auch
wieder zu verlassen, wirst du das Gefühl von Kontrolle und Klarheit
zurückgewinnen.

**„Grenzen sind nicht das Ende von Freiheit – sie sind ihre Voraus-
setzung."**

Platz für deine Gedanken:

Doch nicht nur die digitale Welt fordert uns heraus. Auch die Räume, in denen wir arbeiten, spielen eine entscheidende Rolle für unser Wohlbefinden, unsere Konzentration und unsere innere Balance. Zwischen Couch und Küchentisch, Bildschirm und Balkon verschwimmen die Grenzen nicht nur in der Zeit – sondern auch im Raum. Und genau hier lohnt es sich, genauer hinzuschauen: Welche Umgebung stärkt dich? Welche schwächt dich? Und wie kannst du Orte so gestalten, dass sie dich nicht auslaugen, sondern tragen?

4. Zwischen Couch und Konferenzraum – Wie Orte unsere Energie steuern

„Der Raum, in dem du arbeitest, beeinflusst, wie du denkst, fühlst und lebst – oft ohne dass du es merkst."

Nach Jahren klassischer Bürostrukturen erlebten viele mit dem Beginn der pandemiebedingten Homeoffice-Welle eine radikale Neudefinition des Arbeitsraums. Aus dem Schreibtisch wurde der Küchentisch, aus dem Konferenzraum das Schlafzimmer. Und plötzlich verschwammen nicht nur die Grenzen zwischen Privat und Beruf – sondern auch die zwischen *Konzentration* und *Überforderung*.

Doch was oft unterschätzt wird: **Räume prägen unser Verhalten.**

Die Couch als Konferenzraum?

Die physische Trennung von Lebensbereichen ist für unser Gehirn ein wichtiger **Strukturgeber**. Wenn du vom Sofa aus E-Mails schreibst, später dort Netflix schaust und dann ein kurzes Nickerchen machst – wird der Ort **energetisch unklar**.
Unser Körper kann nicht mehr unterscheiden: Ist das hier ein Ort der Erholung? Oder ein Ort der Produktivität? Oder beides – und damit keins von beidem?

Orte, an denen wir arbeiten, beeinflussen:

- **Konzentration & Fokus**
- **Emotionale Regulation**
- **Entscheidungsfähigkeit**
- **Kreativität & Ruheempfinden**

Das bedeutet: Selbst, wenn du „nur von zuhause arbeitest", arbeitest du nie *nur* von zuhause. Du arbeitest **in einem Raum, der etwas mit dir macht.**

🏠 Homeoffice – Chance oder Chaos?

Homeoffice kann Freiheit schenken – oder Energie rauben.
Wer sich keinen klaren Arbeitsbereich schafft, lebt oft in einem **permanenten Zwischenton**, in dem sich To-do-Listen, private Aufgaben und digitale Meetings überlagern.

Typische Symptome:

- Gefühl der ständigen Unerledigtkeit
- Schwierigkeit, abzuschalten
- Verschwommene Tagesstruktur
- Schlafprobleme

Die Lösung liegt nicht allein in Quadratmetern, sondern in deiner **Klarheit.**

🧭 Energetische Räume schaffen

Es geht nicht um das perfekte Homeoffice. Es geht um **Rituale, Zonen und Intentionen**.

◆ *Arbeitszonen definieren*

Auch in kleinen Räumen kannst du klare Signale setzen. Ein bestimmter Stuhl, ein Licht, ein Notizbuch – dein Gehirn reagiert auf **Wiederholung**. Baue dir einen „Raum", auch wenn es nur eine Ecke ist.

◆ *Rituale für Raumwechsel*

Verlasse bewusst den Arbeitsbereich am Abend. Zieh dich um, mach das Licht aus, schalte Geräte ab. Gib deinem Körper das Signal: Jetzt beginnt Freizeit.

◆ *Digitale Räume gestalten*

Nicht nur physische Räume brauchen Struktur – auch digitale. Überlege dir z. B.:

- Nutze ein separates E-Mail-Konto für Berufliches
- Halte feste Videocall-Zeiten ein
- Trenne Messenger für Team & Privatleben

◆ *Nutze Orte aktiv*

Wechsle gelegentlich den Arbeitsort – sei es ein Coworking-Space, die Bibliothek oder ein Café. Ortswechsel können **mentale Frische** bringen und helfen, eingefahrene Denkmuster zu lösen.

💡 **Praxisimpuls:** *Dein Raum, dein Rhythmus*

1. **Skizziere deine aktuelle Raumstruktur:**
   Wo arbeitest du gerade regelmäßig? Wie fühlst du dich an diesen Orten?

2. **Bewerte mit Schulnoten:**
   - o   Konzentration:
   - o   Entspannung:
   - o   Klarheit der Aufgaben:

3. **Was könntest du verändern, um deinem Ideal näherzukommen?**
   Neue Lichtquelle? Raumduft? Ein Sichtschutz? Arbeitszeiten anpassen?

4. **Deine 3-Raum-Regel:**

Versuche jeden Tag mindestens **drei unterschiedliche Räume** aufzusuchen – physisch oder mental. Das kann Bewegung, neue Perspektiven und Klarheit fördern.

🧘 Fazit

Unsere Umgebung beeinflusst unsere Energie – ob wir es merken oder nicht.
Wer bewusst mit Räumen umgeht, nimmt Einfluss auf seine Emotionen, seine Leistung und seine Resilienz. Es braucht kein Designerloft, sondern Achtsamkeit für den eigenen Alltag.

„Raum ist nicht nur Kulisse – er ist Mitgestalter deines Lebensrhythmus."

Für deine Gedanken:

5. Arbeit ohne Ort – Wie wir Zugehörigkeit neu definieren müssen

„Zugehörigkeit beginnt nicht mit einem Ort – sondern mit einem Gefühl."

Jahrzehntelang war der Arbeitsplatz mehr als nur ein Gebäude. Er war ein Symbol: für Stabilität, Zugehörigkeit, Identität. Der Weg zur Arbeit strukturierte den Tag, der Schreibtisch gab Halt, die Kaffeeküche war sozialer Treffpunkt.

Doch was geschieht, wenn dieser Ort verschwindet?
Wenn Arbeit *überall* stattfinden kann – oder *nirgendwo richtig*?

Willkommen in der Realität ortsungebundener Arbeit.
Flexibel, effizient, digital. Und oft – still, isoliert, orientierungslos.

🌍 Arbeit entgrenzt – Zugehörigkeit verschwimmt

Hybride und remote Arbeitsmodelle verändern unsere Beziehung zur Arbeit tiefgreifend. Früher bedeutete Zugehörigkeit:

- eine Tür, durch die man täglich geht
- ein Schild am Eingang
- ein Team, das man sieht und spürt

Heute bestehen Teams aus Menschen in verschiedenen Städten, Ländern, Zeitzonen. Die „gemeinsame" Umgebung ist ein Bildschirm. Die Kaffeemaschine teilt man mit niemandem. Und das Gefühl, **Teil von etwas** zu sein, muss sich neu erfinden.

Zugehörigkeit braucht keinen physischen Ort – aber bewusste Gestaltung

Zugehörigkeit ist kein Zustand. Sie ist ein *Gefühl*, das entsteht, wenn wir:

- gesehen werden
- beitragen dürfen
- uns sicher fühlen
- Resonanz erleben

Das heißt: Auch in einer virtuellen Welt kann echte Verbundenheit entstehen. Aber **nicht zufällig**. Sie braucht Pflege, Struktur, Kommunikation – und Rituale.

Warum Zugehörigkeit so wichtig ist

Zahlreiche Studien zeigen: Wer sich zugehörig fühlt,

- ist motivierter
- bleibt gesünder
- bringt sich stärker ein
- bleibt länger im Unternehmen

In einer Arbeitswelt, die zunehmend auf Selbstorganisation setzt, wird Zugehörigkeit zum **inneren Kompass**. Sie gibt Halt – wenn der äußere Rahmen fehlt.

🔍 Neue Fragen an alte Strukturen

In einer Welt ohne festen Arbeitsort werden neue Fragen zentral:

- Wo finde ich Resonanz?
- Wer kennt meine Stärken?
- Wofür bin ich Teil eines Teams?
- Wie kann ich Vertrauen aufbauen – über Distanz hinweg?

Die Antworten darauf sind **nicht digital** – sie sind menschlich.

—

💬 Verbindlichkeit trotz Entfernung: Was hilft?

◆ Virtuelle Rituale etablieren

Begrüßungen am Morgen, digitale Teamcafés, Check-ins oder ein „Wochenausklang mit Dankbarkeit": Rituale schaffen Struktur, auch über Distanz hinweg.

◆ Transparente Kommunikation leben

Nicht nur Aufgaben, auch Gefühle und Herausforderungen sollten Raum bekommen. Wer offen kommuniziert, baut Brücken statt Mauern.

◆ Anerkennung sichtbar machen

Ein Lob im Call? Eine Nachricht im Teamchat? Kleine Gesten der Wertschätzung wirken digital wie analog – **wenn sie ehrlich sind.**

Auch wer remote arbeitet, sollte gelegentlich physische Nähe erleben – ob durch Teamtage, Retreats oder Coworking-Angebote. Menschliche Begegnung verankert das Wir-Gefühl.

Praxisimpuls: *Deine Zugehörigkeits-Landkarte*

1. **Wo fühlst du dich im Moment wirklich zugehörig?**
   (Beruflich & privat)
2. **Was hat diese Zugehörigkeit ermöglicht?**
   (Rituale, Menschen, Sprache, Erlebnisse?)
3. **Wo fehlt dir Zugehörigkeit – und warum?**
   (Fehlende Rückmeldung? Keine Verbindung? Zeitmangel?)
4. **Was könntest du tun, um Zugehörigkeit aktiv zu gestalten?**
   (Ein Gespräch? Ein Vorschlag? Eine kleine Geste?)

☞ **Notiere 1 konkrete Handlung**, mit der du in den nächsten 7 Tagen Zugehörigkeit im beruflichen Alltag stärken möchtest.

🧠 Fazit

Arbeit ohne festen Ort muss nicht seelenlos sein. Ich persönlich kann sogar im Homeoffice produktiver arbeiten.

Zugehörigkeit ist kein Raum, den man betritt – sie ist ein Gefühl, das man kultiviert. Gerade in neuen Arbeitswelten braucht es neue Wege, um Verbindung zu schaffen: durch Worte, Aufmerksamkeit und gegenseitige Verantwortung.

„In einer Welt ohne Wände wird Nähe zur Haltung.“

Teil II – <u>Innere Balance in äußeren Stürmen</u>

Wie du Halt in dir findest, wenn außen alles in Bewegung ist.

5. Rhythmus statt Routine – Finde deinen inneren Takt

„Wer seinen eigenen Rhythmus kennt, wird nicht vom Takt der Welt getrieben.“

In einer Arbeitswelt, die sich ständig verändert, in der Termine wandern, Aufgaben sich verschieben und der Kalender nie leer, aber nie wirklich voll scheint – verliert sich schnell das Gefühl für den eigenen Takt.

Wir funktionieren. Aber wir fühlen nicht mehr, **wann wir eigentlich am besten funktionieren**.

⌛ Von der Taktung zur Erschöpfung

Moderne Arbeitsmodelle versprechen Freiheit.

Doch oft enden sie in neuen Zwängen:

- Zwischen 9:00 und 10:00 ein Call, dann E-Mails, danach Slack, später Konzeptarbeit – wann ist eigentlich Pause?
- Homeoffice ohne Grenzen – du fängst früher an, hörst später auf. Und niemand merkt es.
- Der Kalender wird zur Zentrale des Lebens, aber dein Körper hat längst abgeschaltet.

Routine kann hilfreich sein – wird jedoch zum Korsett, wenn sie sich nicht mehr am Menschen orientiert, sondern nur noch am System.

Schreibe hier deine persönlichen Gedanken dazu auf:

♫ **Rhythmus ist mehr als Zeitmanagement**

Rhythmus heißt nicht: alles durchplanen.

Es heißt: **spüren**, wann du welche Art von Energie hast – und **danach leben**.

💡 Frag dich:

- Wann bist du kreativ? Wann analytisch?
- Wann brauchst du Ruhe, wann soziale Nähe?
- Was lädt dich auf – was zieht dich leer?

Dein innerer Takt ist **biologisch und emotional**. Und er verdient Gehör.

⑥ Der zirkadische Kompass: dein natürlicher Taktgeber

Unser Körper folgt einem 24-Stunden-Rhythmus, gesteuert durch Licht, Schlaf, Hormone und Gewohnheiten. Wer gegen ihn arbeitet, arbeitet oft *gegen sich selbst*:

- Konzentration: meist vormittags am höchsten
- Kreativität: oft spätnachmittags besonders stark
- Erholung: braucht bewusste Pausen, nicht nur nach Feierabend

📌 Tipp: Statt To-do-Listen chronologisch zu füllen, plane nach **Energieniveau** – nicht nach Uhrzeit.

💬 Impulsfragen: Spür deinen Rhythmus

1. **Wann fühlst du dich besonders wach und klar?**
2. **Welche Art von Aufgaben liegen dir morgens besser, welche abends?**
3. **Was raubt dir Energie – was gibt sie dir zurück?**
4. **Wie könntest du deinen Tag neu takten – mit dir im Zentrum?**

⟳ Mikrorythmen & Makroplanung

Es gibt zwei Ebenen für deinen Rhythmus:

◆ **Mikro:** *Der Tagesrhythmus*

→ Gestalte Morgenrituale, Mini-Pausen, Deep-Work-Phasen
→ Schaffe Übergänge – z. B. eine bewusste Mittagspause, ein Feierabendritual

◆ **Makro:** *Der Wochen- und Monatsrhythmus*

→ Plane Fokuszeiten, projektfreie Zonen, Erholungsinseln
→ Baue Puffer ein – nicht alles muss immer sofort sein

🌿 **Praxisimpuls:** *Dein Rhythmus-Tagebuch*

Probiere es 3 Tage lang:

- **Notiere stündlich** (oder alle 2 Stunden) deine Energie: hoch – mittel – niedrig
- Ergänze stichwortartig: *Was hast du gerade gemacht? Wie hast du dich dabei gefühlt?*
- Am Ende der drei Tage: **Finde Muster.** Wann bist du am besten drauf – und warum?

☞ Daraus kannst du **deinen persönlichen Aktivitäts-Zeitplan** entwickeln. Nicht als Dogma, sondern als Orientierung.

💡 Fazit

Rhythmus ist individuell. Was für andere funktioniert, kann dich aus dem Takt bringen.
Finde heraus, wann du aufblühst, statt dich ständig durch den Tag zu schleppen.
In Zeiten äußerer Unsicherheit ist dein innerer Rhythmus dein sicherster Anker.

„Routine mag den Rahmen geben. Aber Rhythmus gibt den Sinn."

Raum zum Kritzeln deiner Gedanken zu diesem Thema:

6. Grenzen setzen, ohne Mauern zu bauen

Selbstschutz ist kein Egoismus – sondern Voraussetzung für Verbindung.

„Grenzen sind keine Mauern – sie sind Türen, durch die du bewusst entscheidest, wer eintreten darf."

In einer Welt, in der „Erreichbarkeit" oft mit Engagement verwechselt wird und ständige Verfügbarkeit als Zeichen von Produktivität gilt, ist das Setzen von Grenzen zu einer neuen Schlüsselkompetenz geworden.

Doch viele Menschen haben Angst, Nein zu sagen. Aus Angst, zu enttäuschen. Aus Angst, nicht dazuzugehören. Oder weil sie selbst nicht genau wissen, wo ihre eigenen Grenzen eigentlich verlaufen.

⚖ Die neue Grenze: Zwischen Ich und Wir

Die Arbeitswelt von heute ist vernetzter, digitaler und fließender. Homeoffice, hybride Teams, ständige Kommunikationskanäle – sie alle verschieben unsere Wahrnehmung von Nähe und Distanz.

Und genau deshalb brauchen wir sie wieder: **klare, gesunde, menschliche Grenzen**.

Grenzen schützen nicht nur dich – sie schaffen auch **Verlässlichkeit für andere**. Sie definieren Räume des Vertrauens, in denen niemand überfordert oder übergangen wird.

🔍 Warum fällt es so schwer, Grenzen zu setzen?

Die Gründe sind oft tief verwurzelt:

- **Glaubenssätze:** „Ich muss immer helfen." „Wenn ich Nein sage, werde ich abgelehnt."
- **Erfahrungen:** Vielleicht hast du gelernt, dass deine Bedürfnisse weniger zählen.
- **Rollenkonflikte:** Zwischen Teamplayer und Selbstschutz, zwischen Führungskraft und Fürsorge.

Grenzen setzen heißt nicht, sich zu verschließen. Es heißt, **für sich selbst einzustehen – ohne andere abzuwerten**.

✋ Grenzen sind individuell – und lernbar

Nicht jeder Mensch braucht gleich viel Raum, Zeit oder Ruhe. Deshalb ist es so wichtig, **die eigenen Energiequellen zu kennen**:

- Wann wird dein „Ja" zu einem „Nein" zu dir selbst?
- Welche Situationen entziehen dir regelmäßig Kraft?
- Wo fühlst du dich regelmäßig übergangen – oder überfordert?

Grenzen beginnen nicht erst, wenn etwas zu viel wird. Sie entstehen da, wo du **achtsam wirst für deine Bedürfnisse.**

🔧 Praxisimpuls: Die 3-G-Regel

Wenn du das nächste Mal zögerst, ob du etwas zusagen oder ablehnen solltest, frag dich:

1. **GUT?** Tut mir diese Aufgabe oder Anfrage gut?
2. **GEMEINSAM?** Ist sie fair verteilt, bringt sie uns wirklich weiter?
3. **GANZ?** Kann ich sie ganz tun – mit vollem Herzen und klarem Kopf?

Wenn du eine dieser Fragen mit „Nein" beantwortest, darfst du auch *Nein sagen.*

◎ Emotionale Klarheit: So formulierst du Grenzen wertschätzend

Ein Nein muss nicht kalt oder hart klingen. Es kann **klar, verbindlich und freundlich** sein.

Hier einige Formulierungen:

- „Ich sehe dein Anliegen – und gleichzeitig spüre ich, dass ich gerade keine Kapazität dafür habe."
- „Danke für dein Vertrauen – ich brauche etwas Bedenkzeit, bevor ich dazu etwas sagen kann."
- „Ich möchte dieser Aufgabe gerecht werden – deshalb schlage ich vor, dass wir den Zeitpunkt oder die Verantwortung noch einmal besprechen."

Grenzen setzen heißt auch: **sich selbst ernst nehmen** – ohne andere abzuwerten.

🌿 Reflexion: Deine persönliche Grenzlandkarte

Nimm dir eine halbe Stunde Zeit und beantworte folgende Fragen schriftlich:

1. **Wo in meinem (Arbeits-)Alltag fühle ich mich regelmäßig überfordert oder ausgelaugt?**
2. **Welche Grenze habe ich zuletzt gesetzt – und wie wurde sie aufgenommen?**
3. **Welche Grenze würde ich gern setzen – wenn ich mich trauen würde?**
4. **Wie könnte ich meine Bedürfnisse klarer äußern, ohne Schuldgefühle?**

Dieses Bewusstsein ist der erste Schritt in Richtung gesunder Selbstführung.

Fazit

Grenzen schützen deine Energie. Sie stärken deine Klarheit. Und sie
ermöglichen tiefe, ehrliche Verbindung – mit anderen und dir selbst.

*„Du bist nicht dafür da, alle Erwartungen zu erfüllen. Aber du bist
verantwortlich dafür, dir selbst treu zu bleiben."*

8. Stress verstehen, steuern und sinnvoll nutzen

Vom Feindbild zum Feedbacksystem: Wie Stress dir den Weg weisen kann

„Stress entsteht nicht durch das, was geschieht, sondern durch das, wie wir es bewerten."
– Epiktet (sinngemäß)

Stress ist allgegenwärtig. Besonders in einer Welt, die sich ständig wandelt. Neue Technologien, hybride Arbeitsformen, beschleunigte Kommunikation – all das verlangt von uns eine hohe Anpassungsfähigkeit. ein Wunder, dass viele von uns regelmäßig Stress empfinden."

Doch Stress ist nicht per se schlecht. Er ist **ein Signal. Ein Hinweis. Eine Einladung zur Veränderung.**

Was genau ist Stress?

Stress ist eine natürliche Reaktion des Körpers auf eine als bedrohlich empfundene Situation.

Dabei unterscheidet man zwei Arten:

- **Eustress (positiver Stress):** aktiviert, motiviert, macht wach – z. B. vor einer Präsentation oder bei einem kreativen Projekt.

- **Distress (negativer Stress):** überfordert, lähmt, erschöpft –
  z. B. bei Dauerbelastung oder mangelnder Kontrolle.

Entscheidend ist nicht nur *was* passiert, sondern *wie wir es wahrneh-men* und verarbeiten. Mehr darüber erfährst du auch in meinem Buch „Dein Stress, deine Regeln!"

⚙ Die Stressformel: Belastung × Bedeutung

Ob eine Situation uns stresst, hängt maßgeblich davon ab:

1. Wie groß die **Anforderung** ist.
2. Und wie gut wir glauben, damit umgehen zu können.

Ein Beispiel: Eine E-Mail mit Kritik kann harmlos wirken – oder existenziell bedrohlich. Der Unterschied liegt in der inneren Bewertung.

Deshalb ist **mentale Selbstführung** ein Schlüssel zur Stresskompetenz.

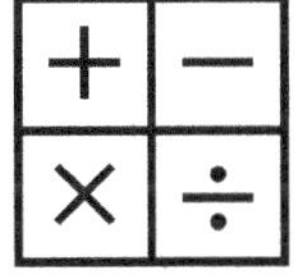

⟳ Vom Stress zur Steuerung: 3 Schritte

1. **Erkennen:**
   Wie äußert sich Stress bei dir? Körperlich (z. B. Verspannung,
   Schlafprobleme)? Emotional (Reizbarkeit, Grübelschleifen)?
   Mental (Konzentrationsverlust)?
2. **Verstehen:**
   Was löst den Stress aus – wirklich? Nicht nur der Termin,
   sondern vielleicht der Wunsch, niemanden zu enttäuschen?
   Nicht die viele Arbeit, sondern das Gefühl, nicht Nein sagen
   zu dürfen?
3. **Verändern:**
   Welche Stellschraube kannst du drehen? Die Situation? Deine
   Bewertung? Deinen Umgang damit?

✗ Praxisimpuls: Stress-Tagebuch (für 7 Tage)

Schreibe dir täglich 2–3 Situationen auf, in denen du Stress empfun-
den hast. Notiere:

- Was ist passiert?
- Was habe ich gefühlt / gedacht?
- Wie habe ich reagiert?
- Was hätte ich gebraucht?
- Was lerne ich daraus?

Am Ende der Woche erkennst du Muster – und mögliche Hebel für
Veränderung.

🔍 Stresskompetenz bedeutet auch: Priorisieren

Stress entsteht oft, weil wir zu viel auf einmal tun – oder zu wenig hinterfragen, **wofür** wir etwas tun.

Stelle dir regelmäßig folgende Fragen:

- Muss ich das *wirklich* tun?
- Muss ich das *jetzt* tun?
- Muss *ich* das tun?

Manchmal liegt die Entlastung in einem einzigen klaren Nein – oder in einem mutigen Delegieren.

🌱 Stress als Wegweiser: Was will dir dein Körper sagen?

Stresssymptome sind kein persönliches Scheitern. Sie sind **Hinweise**, dass etwas in deinem Leben Aufmerksamkeit braucht:

- Eine unklare Grenze
- Ein Bedürfnis nach Pause
- Eine nicht gelebte Sehnsucht
- Oder schlicht zu viel Verantwortung auf einmal

Je eher du lernst, diese Hinweise ernst zu nehmen, desto souveräner kannst du steuern – statt zu reagieren.

💬 Reflexion: Dein persönliches Stressprofil

Beantworte für dich folgende Fragen: (schreibe Worte in den Kasten)

1. Was stresst mich regelmäßig – und warum genau?
2. Wie gehe ich aktuell mit Stress um – hilft mir das wirklich?
3. Was könnte ich ändern – im Außen oder Innen –, um mehr Ruhe zu spüren?

Optional: Tausche dich mit einem vertrauten Menschen darüber aus. Oft bringt das neue Perspektiven.

Stress ist nicht dein Gegner. Er ist ein Signal deines Systems, dass etwas aus dem Gleichgewicht geraten ist.

„Stress ist wie ein innerer Kompass: Er zeigt dir, wo es Zeit ist, dich selbst wichtiger zu nehmen."

Wer lernt, mit Stress bewusst umzugehen, gewinnt nicht nur Kraft – sondern auch Klarheit.

Zwischenreflexion: Balance ist (d)eine Entscheidung

In den vergangenen Kapiteln hast du dich mit deinem inneren Rhythmus, deinen persönlichen Grenzen und deinem Umgang mit Stress beschäftigt. Dabei wurde deutlich:

Innere Balance ist kein Zufall. Sie entsteht, wenn du bewusst entscheidest, wie du mit dem Außen umgehst – und was du im Inneren stärken willst.

Hier sind die zentralen Erkenntnisse:

Die 5 Schlüssel zur inneren Balance

1. **Selbstwahrnehmung**
   – Nur was du wahrnimmst, kannst du auch steuern. Achte auf Körpersignale, Gedankenmuster und emotionale Reaktionen.
2. **Rhythmus statt Dauerfeuer**
   – Du brauchst keine perfekte Tagesstruktur, sondern einen natürlichen Wechsel aus Aktivität und Regeneration.
3. **Gesunde Grenzen**
   – Grenzen schützen nicht nur dich, sondern auch deine Energie für das Wesentliche. Du darfst Nein sagen – liebevoll, aber klar.

4. **Stresskompetenz**
   – Stress ist Information. Wenn du ihn ernst nimmst, aber nicht übernimmst, kannst du ihn aktiv nutzen.
5. **Selbstverantwortung**
   – Niemand lebt deine Balance außer dir. Es ist deine Aufgabe, für dein Gleichgewicht zu sorgen – und dein Recht, es zu verteidigen.

💬 Fragen zur Selbstreflexion

Nimm dir einen ruhigen Moment – vielleicht mit einem Tee, Musik oder beim Spazierengehen – und denke über diese Fragen nach:

- **Was bringt mich derzeit am meisten aus dem Gleichgewicht?**
- **Welche meiner Gewohnheiten möchte ich verändern – und warum?**
- **Was würde ich tun (oder lassen), wenn ich mir selbst mehr vertrauen würde?**

Schreibe deine Antworten gern auf. Klarheit beginnt oft mit einem Stift in der Hand.

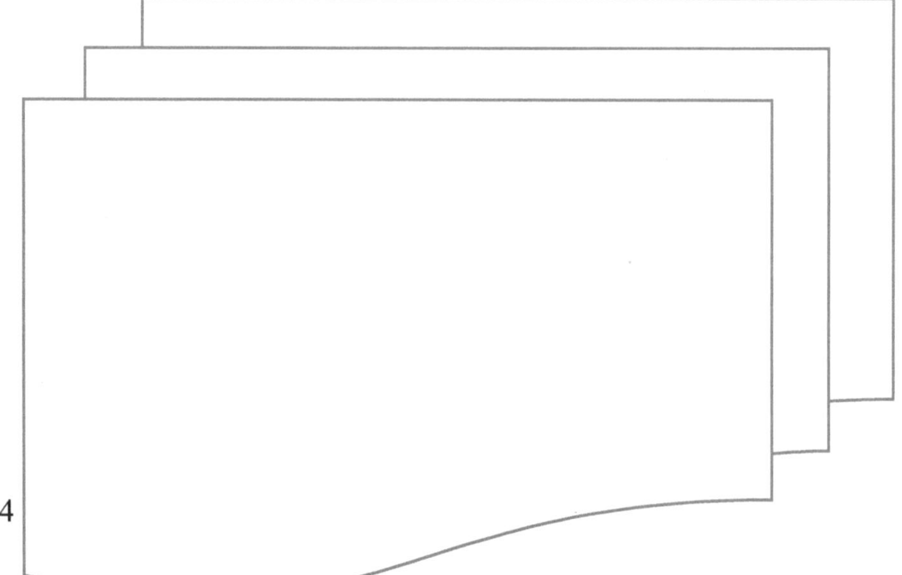

✗ **Mini-Übung: Deine „Balance-Formel"**

Vervollständige den folgenden Satz intuitiv – ohne zu lange nachzudenken:

„Ich fühle mich im Gleichgewicht, wenn ich …"

Wiederhole diese Übung in den nächsten Tagen mehrmals. Du wirst sehen, dass deine Antworten variieren – und sich daraus dein persönlicher Kompass entwickelt.

9. Selbstorganisation als Superkraft – Wie du dich in einer Welt voller Ablenkung fokussierst und stabil bleibst

„Disziplin ist die Brücke zwischen Zielen und deren Erreichung."
– Jim Rohn

In einer Arbeitswelt, in der feste Strukturen zunehmend aufgelöst werden, wird Selbstorganisation zur Überlebenskunst – und zum echten Erfolgsfaktor. Keine festen Bürozeiten, kein klarer Anfang oder Schluss des Arbeitstags, manchmal nicht einmal ein eigener Arbeitsplatz – all das verlangt von uns etwas, das früher kaum Thema war: uns selbst zu strukturieren.

Doch genau darin liegt eine riesige Chance. Denn Selbstorganisation bedeutet nicht nur, Aufgaben zu managen – sondern sich selbst bewusst auszurichten. Es bedeutet, die Kontrolle zurückzugewinnen über Zeit, Energie und Fokus.

◎ Warum Selbstorganisation heute so entscheidend ist

In der „alten" Arbeitswelt gab es einen vorgegebenen Rahmen: Arbeitszeiten, Orte, Abläufe, Vorgesetzte. Dieser äußere Rahmen strukturierte unseren Tag – manchmal einengend, oft aber auch stabilisierend. In der neuen Arbeitsrealität fällt dieser äußere Rahmen oft weg.

Was bleibt, ist dein innerer Rhythmus – und genau der will verstanden und gepflegt werden. **"Was bleibt, ist dein innerer Rahmen. Und genau den gilt es zu gestalten.**

Selbstorganisation heißt:

- Deine **Ressourcen sinnvoll einteilen**
- Deine **Ziele klar benennen**
- Deinen **Fokus bewusst steuern**

Ohne diese Fähigkeiten verlierst du dich schnell im „Multitasking-Meer", in ständiger Reaktivität und Erschöpfung.

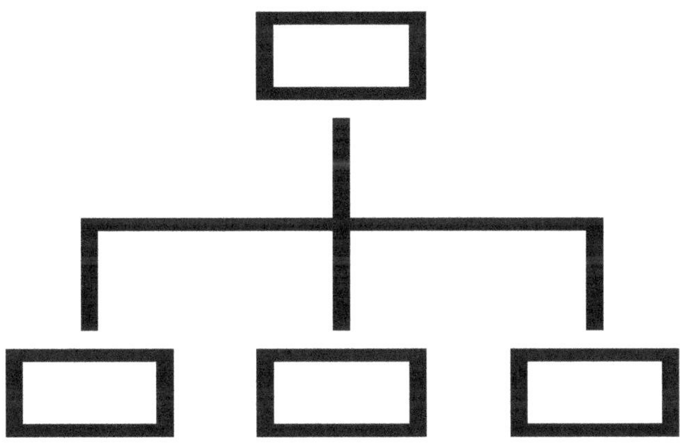

Ein wichtiger Punkt: Selbstorganisation ist nicht gleichbedeutend mit Selbstoptimierung. Es geht nicht darum, immer mehr in kürzerer Zeit zu schaffen oder noch effizienter zu funktionieren.

Es geht darum, sich selbst besser zu verstehen:
Was sind meine besten Zeiten? Wie arbeite ich am konzentriertesten? Wann brauche ich Pausen – und wie kann ich sie schützen?

Selbstorganisation ist **eine Form der Selbstfürsorge** – und eine bewusste Entscheidung für das, was dir wirklich wichtig ist.

⚙ **Werkzeuge für gelingende Selbstorganisation**

Hier einige bewährte Tools und Strategien, die du sofort anwenden kannst:

1. *Die 3-Zonen-Methode*

Teile deinen Arbeitstag (so gut es geht) in:

- **Fokus-Zonen** (Deep Work, anspruchsvolle Aufgaben)
- **Routine-Zonen** (Mails, Admin, wiederholende Aufgaben)
- **Flex-Zonen** (Meetings, Kommunikation, kreative Arbeit)

→ So schützt du deine Energie und gehst achtsamer mit deinen mentalen Ressourcen um.

Beispiel: Vormittags Fokus (Bericht schreiben), nachmittags Routine (Mails), abends Flex (Kreativ-Workshop).

2. *Wochenplanung mit Prioritäten*

Statt nur To-do-Listen zu schreiben:

- Notiere deine 3 **wichtigsten Aufgaben der Woche** (Big Rocks)
- Plane pro Tag max. **3 Kernaufgaben**
- Baue bewusst **Pufferzeiten** ein

→ Weniger ist mehr – wenn es das Richtige ist.

3. Time-Boxing

Plane deine Zeit in „Boxen":

- z. B. 90 Minuten Fokuszeit für eine bestimmte Aufgabe
- danach 15–30 Minuten Pause oder lockere Tätigkeit

→ Dein Kalender wird zur Strukturhilfe – statt zur Stressquelle.

Selbstkenntnis ist der Schlüssel

Keine Methode der Welt funktioniert, wenn du dich selbst nicht kennst. Deshalb:

- Wann bist du am produktivsten? (Morgens, abends?)
- Was lenkt dich am häufigsten ab – und warum?
- Welche Umgebung brauchst du, um klar denken zu können?

Statt dich zu vergleichen, entwickle dein eigenes System. **Selbstorganisation ist individuell.** Und genau das macht sie so kraftvoll.

Reflexionsimpuls

Wie würdest du arbeiten, wenn du dich auf niemanden „verlassen" müsstest – nur auf dich selbst?

Stelle dir vor, dein Kalender, deine Tools und deine Entscheidungen folgen deinem Rhythmus – nicht dem von außen auferlegtem Druck. Was würdest du ändern? Was würdest du weglassen? Was würdest du neu denken?

Schreib es auf.

Doch Organisation allein reicht nicht aus

Selbstorganisation ist ein starkes Fundament – doch sie braucht Tiefe. Wer präsent bleiben will, inmitten von Anforderungen und Ablenkungen, braucht mehr als Tools: Er braucht Achtsamkeit. Und genau darum geht es im nächsten Kapitel.

Achtsamkeit & Mikro-Pausen im Alltag – Kleine Werkzeuge, große Wirkung

„Zwischen Reiz und Reaktion liegt ein Raum. In diesem Raum liegt unsere Macht zur Wahl unserer Reaktion."
– Viktor E. Frankl

In diesem Raum liegt unsere Souveränität. Genau hier setzt Achtsamkeit an – nicht als Trend, sondern als bewusste Gegenbewegung zur Reizüberflutung.

Der Alltag ist voll. Nachrichten, Mails, Meetings, Erwartungen. Inmitten dieses Dauerfeuers wird eines zur immer wertvolleren Ressource: **ein klarer Moment der Präsenz.** Genau hier kommt Achtsamkeit ins Spiel – nicht als esoterischer Trend, sondern als **praktisches Gegenmittel** zur Überlastung.

Und sie beginnt nicht mit einem Meditationskissen. Sondern mit einem bewussten Atemzug.

◎ Warum Achtsamkeit mehr ist als Meditation

Achtsamkeit bedeutet: **im Hier und Jetzt präsent sein** – ohne zu bewerten. Das klingt simpel, ist aber revolutionär in einer Welt, die uns ständig in die Zukunft oder Vergangenheit zieht.

In der Arbeitswelt hilft dir Achtsamkeit:

- dich **nicht in Sorgen zu verlieren**
- den Autopiloten-Modus zu verlassen

- **bewusste Entscheidungen** zu treffen
- besser mit Stress, Konflikten und Erschöpfung umzugehen

Achtsamkeit verändert nicht die Welt – aber deinen Umgang mit ihr.

⏸ Mikro-Pausen – kleine Stopps mit großer Wirkung

Der Mensch ist nicht für Dauerleistung gemacht. Doch genau das verlangen viele Tage von uns. Mikro-Pausen helfen dir, **deinen Akku zwischendurch aufzuladen**, ohne dass du dafür eine Auszeit brauchst.

Was ist eine Mikro-Pause?
Ein bewusster Moment von 30 Sekunden bis 2 Minuten, in dem du inne hältst, atmest, dich streckst, die Gedanken ordnest – und dich **neu justierst**.

Beispiele:

- Drei tiefe Atemzüge mit geschlossenen Augen
- Blick aus dem Fenster mit voller Aufmerksamkeit auf das, was du siehst
- Hände kurz falten, innehalten und spüren: *„Wie geht es mir gerade?"*
- Kurzes Dehnen oder Körper-Check-In: *„Wo sitzt die Anspannung?"*

Wirkung:
Mikro-Pausen helfen dir, den Tag **nicht nur durchzuhalten**, sondern bewusster zu gestalten. Du unterbrichst Stressmuster und stärkst deine Selbstwahrnehmung.

🧠 Die Macht der Achtsamkeitsmomente

1. Der bewusste Start

Statt direkt ins Handy zu schauen:
Setze dich morgens für 2 Minuten aufrecht hin, atme bewusst – und
frage dich:
„Was will ich heute fühlen? Wovon will ich mehr erleben?"

2. Die Atem-Anker-Übung

Mehrmals täglich:

- Atme vier Sekunden ein,
- halte vier Sekunden inne,
- atme vier Sekunden aus,
- halte vier Sekunden inne.

Das nennt sich „Box-Breathing" – und beruhigt dein Nervensystem
sofort.

3. Der Meeting-Puffer

Plane 5 Minuten Puffer zwischen Besprechungen. Nutze sie, um dich
zu strecken, bewusst zu atmen oder einfach nur kurz „nichts" zu tun.
Kein Handy, kein Input.

4. Mindful Closing

Am Ende des Arbeitstags: Notiere drei Dinge, die gut liefen – oder
die du abgeschlossen hast. So schließt du bewusst ab und gibst dem
Gehirn ein Signal: *Jetzt ist Feierabend.*

🧰 Toolbox für den achtsamen Alltag

Situation	Mikro-Impuls
Vor dem Laptop starten	Zwei tiefe Atemzüge, Schultern kreisen
Zwischen zwei Aufgaben	Kurzer Spaziergang durchs Zimmer
Nach einem stressigen Call	1 Minute Augen schließen, zählen
Mittags	Bewusstes Kauen, Handy weg
Vor dem Schlafen	3 Dinge notieren, für die du dankbar bist

Finde drei Impulse, die du ausprobieren möchtest:

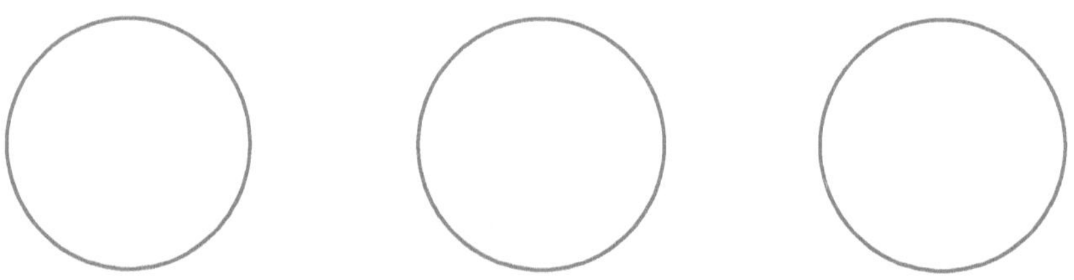

💬 Reflexionsimpuls

Wie viel Raum hat Achtsamkeit in deinem Alltag – wirklich? Und was wäre ein kleiner, machbarer Einstieg für dich?

Notiere dir zwei konkrete Mini-Momente, in denen du ab morgen Achtsamkeit einbauen willst – regelmäßig, realistisch, ohne Druck.

1. ____
2. ____

5. Dein persönlicher Energie-Kompass – Finde deine Kraftquellen im Alltag

„Energy, not time, is the fundamental currency of high performance."
– Jim Loehr & Tony Schwartz

Zeit lässt sich planen. Energie muss man gestalten.

In einer Welt voller Termine, Aufgaben und ständiger Verfügbarkeit übersehen wir oft das Wesentlichste: **unsere eigene Energie**. Sie ist das Fundament für Kreativität, Fokus, Gelassenheit – und letztlich für Wohlbefinden. Während viele Zeitmanagement-Methoden auf Effizienz abzielen, fragt der Energie-Kompass: *Was gibt dir Kraft – und was raubt sie dir?*

🌱 Was ist ein Energie-Kompass?

Ein Energie-Kompass hilft dir, die täglichen **Energiequellen und -fresser** in deinem Leben zu identifizieren. Er zeigt dir:

- welche Tätigkeiten dich beflügeln,
- welche dich auslaugen,
- welche Tageszeiten für welche Aufgaben ideal sind,
- wie du **proaktiv Energie balancierst,** statt nur zu reagieren.

Denn nicht jede Stunde ist gleich viel wert – aber jeder Mensch hat ein **individuelles Energieprofil**.

⊘ Die vier Energieachsen

Laut moderner Stress- und Resilienzforschung lässt sich unsere Energie in **vier zentrale Dimensionen** unterteilen:

Energie-achse	Beschreibung	Beispielkraftquelle
Körperlich	Ernährung, Schlaf, Bewegung, Pausen	Spaziergang, Wasser trinken, Stretching
Emotional	Stimmung, soziale Beziehungen, innere Haltung	Lachen, Gespräche mit Freunden, Dankbarkeit
Mental	Konzentration, Klarheit, Fokus	Deep-Work-Phasen, Journaling, To-do-Planung
Sinnhaft	Werte, Motivation, innerer Antrieb	Purpose, Vision-Check, kreatives Tun

Ein ausgeglichener Energie-Kompass sorgt dafür, dass du nicht nur **funktionierst**, sondern bewusst gestaltest.

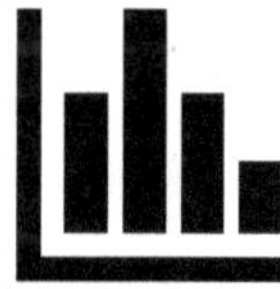

🔍 Dein Energie-Profil entdecken

1. Energie-Tagebuch (1 Woche)

Beobachte dich selbst – stündlich oder in Intervallen:

- Was mache ich gerade?
- Wie fühle ich mich dabei – energetisch von 1 bis 10?
- War das eine Energiequelle oder ein Energiefresser?

☞ Am Ende der Woche erkennst du Muster:
Wann bist du produktiv? Was laugt dich aus? Wo findest du unbewusste Kraftinseln?

2. Körpersignale ernst nehmen

- Gähnst du oft nach einem Call?
- Bist du gereizt nach Social-Media-Scrollen?
- Hast du nach einem Spaziergang neue Ideen?

☞ Dein Körper **spricht ständig mit dir**. Die Kunst besteht darin, wieder zuzuhören.

🔄 Energie neu denken – statt nur Zeit verwalten

Viele von uns haben gelernt, ihren Tag nach Uhrzeiten und Deadlines zu strukturieren. Doch was wäre, wenn du **deine High-Energy-Zeiten** für kreative oder herausfordernde Aufgaben nutzt – und Low-Energy-Zeiten für Routinen?

Uhrzeit	Energielevel	Aufgabe
8–10 Uhr	Hoch	Konzeption, Schreiben, Planung
12–13 Uhr	Tief	Pause, Walk, bewusstes Essen
15–16 Uhr	Mittel	E-Mails, Organisation
18 Uhr	Sinkend	Entlastung, Reflexion, Lesen

💼 Mikro-Werkzeuge für mehr Energie im Alltag

- **Energiekarte malen**: Zeichne vier Felder (Körper, Emotion, Fokus, Sinn) – notiere spontan, was dich gerade auf jeder Ebene stärkt.
- **Stopp-Frage**: *„Was brauche ich jetzt wirklich?"*
- **Tagesstart mit Intention**: *„Heute achte ich auf meine mentale Energie."*
- **Energieanker setzen**: Fester Mini-Impuls pro Tag (z. B. Barfuß auf dem Balkon, Musik, bewusstes Atmen).

💬 Reflexionsimpuls

Was nährt dich – und was zehrt an dir? Welche drei Dinge kannst du ab morgen bewusst in deinen Alltag einbauen, um deine Energie zu schützen und zu stärken?

1. ____________
2. ____________
3. ____________

11. Teams im Wandel – Verbindung trotz Distanz

„Zusammenkommen ist ein Beginn, Zusammenbleiben ein Fortschritt,
Zusammenarbeiten ein Erfolg."
– Henry Ford

Die Arbeitswelt hat sich verändert – und mit ihr die Art, wie Teams funktionieren. Wo früher Gespräche in der Kaffeeküche, spontane Absprachen auf dem Flur oder das gemeinsame Mittagessen Teil der sozialen Verbindung waren, treten heute Videocalls, Messenger und virtuelle Whiteboards an ihre Stelle. Doch was passiert mit einem Team, wenn der Alltag zunehmend *ortsunabhängig* wird – und Nähe keine Frage des physischen Raums mehr ist?

Verbindung auf Distanz ist kein Widerspruch – aber sie braucht bewusste Gestaltung. Denn hybride oder remote arbeitende Teams haben andere Herausforderungen als klassische Präsenzteams. Vertrauen entsteht nicht mehr automatisch durch räumliche Nähe, sondern durch **Transparenz, Klarheit und regelmäßige Resonanz**.

1. Nähe ist kein Ort, sondern Haltung

Der größte Trugschluss: Dass echte Verbindung nur „live" möglich ist. Natürlich hat physische Begegnung ihren Wert – aber in einer digitalen Welt bedeutet Verbindung vor allem, **emotional und kommunikativ erreichbar** zu sein.
Ein Team, das sich regelmäßig austauscht, offen über Erwartungen spricht und Raum für Zwischenmenschliches lässt, bleibt auch virtuell verbunden.

Verbindung entsteht dort, wo Menschen sich gesehen, gehört und ernst genommen fühlen.

2. Psychologische Sicherheit: Die stille Kraft hinter starken Teams

Studien zeigen immer wieder: Nicht Prozesse oder Hierarchien machen Teams erfolgreich, sondern **psychologische Sicherheit** – das Gefühl, dass man sich ohne Angst vor Verurteilung zeigen darf. In hybriden Teams muss diese Sicherheit bewusst gepflegt werden:

- durch regelmäßige Check-ins („Wie geht's dir gerade – ehrlich?"),
- durch Raum für Fehlerkultur,
- durch Vorleben von Offenheit durch Führungskräfte und Teammitglieder.

3. Rituale für hybride Verbundenheit

Verbindung braucht Kontinuität. Kleine, regelmäßige Rituale helfen, trotz Distanz Gemeinschaft zu erleben:

- 🎧 **Virtuelle Kaffeepause:** 15 Minuten in der Woche ohne Agenda, einfach zum Plaudern.
- 📅 **„Weekly Wins":** Am Freitag teilt jedes Teammitglied ein Highlight der Woche – beruflich oder privat.
- 📷 **Fotofeed im Chat:** Einmal im Monat teilt jede:r ein Bild aus dem Alltag – Arbeitsplatz, Aussicht, Haustier, Lieblingskaffee.

Solche kleinen Gesten erzeugen ein *Wir-Gefühl*, das keine Hightech-Tools braucht, sondern echte menschliche Verbindung.

4. Klarheit ist das neue Vertrauen

Wenn physische Nähe fehlt, braucht es **klare Strukturen und Kommunikationsregeln**, um Unsicherheit zu vermeiden:

- Wer ist wofür zuständig?
- Welche Kommunikationskanäle nutzen wir für was?
- Wann ist wer wie erreichbar – und wann nicht?

Diese Klarheit schafft Verlässlichkeit – und damit eine Basis für Vertrauen.

Je klarer die Regeln, desto sicherer das Miteinander – auch auf Distanz. Klarheit schafft Verlässlichkeit, Verlässlichkeit schafft Vertrauen.

5. Führung aus der Mitte

In flexiblen Arbeitsumgebungen verschiebt sich auch das Verständnis von Führung. Es geht weniger um Kontrolle – und mehr um *Verbindung ermöglichen, Rahmen geben, Potenziale erkennen.*
Eine Führungskraft, die empathisch zuhört, regelmäßig Feedback gibt und Raum für Selbstverantwortung lässt, wird zur zentralen Brücke im Team.

Praxisimpuls: Das Verbindungstreffen

Format für hybride Teams:

– Einmal im Monat: 30 Minuten, kein Fachinhalt
– Jede:r beantwortet eine von drei Fragen:

    1. Was hat mich diese Woche inspiriert?
    2. Was wünsche ich mir vom Team?
    3. Was bedeutet Verbindung für mich?

– Ziel: Zuhören, entdecken, Gemeinsamkeiten spüren

Diese Formate stärken den emotionalen Klebstoff eines Teams – gerade, wenn Distanz zur Normalität wird.

Fazit

Verbindung trotz Distanz ist möglich – aber sie geschieht nicht zufällig. Sie braucht Zeit, Aufmerksamkeit, Zuhören und den Willen, Nähe neu zu definieren. In einer Welt voller Tools und Technologien bleibt die wichtigste Ressource zwischen Menschen: **Echtes Interesse.** Und der Mut, Verbindung aktiv zu gestalten.

Die vorangegangenen Kapitel haben Werkzeuge bereitgestellt, Perspektiven geöffnet und Mut gemacht: für mehr Selbstorganisation, bewusste Achtsamkeit, neue Formen der Zusammenarbeit – und vor allem für eine Arbeitswelt, die sich **am Menschen orientiert**, nicht am reinen Output.

Doch all diese Impulse sind nur dann wirksam, wenn sie **mit deinem Innersten in Resonanz gehen**. Wenn du sie nicht nur anwendest, sondern **verinnerlichst** – im Einklang mit deinen Bedürfnissen, deinem Tempo und deinen Werten.

Jetzt ist der Moment gekommen, den Blick **noch persönlicher zu richten**:

- **Was treibt dich an?**
- **Was gibt dir Kraft?**
- **Welche Rolle spielt Arbeit in deinem Leben – und was möchtest du verändern?**

Platz für deine Gedanken:

Teil III: <u>Dein Rhythmus, dein Job</u>

Es ist Zeit, deinen eigenen Rhythmus nicht nur zu entdecken, sondern ihn auch mutig zu leben.

Hier geht es um **dich**.
Um deine Motivation. Deine Grenzen. Deine Wünsche. Und darum, wie du deinen individuellen Weg in der neuen Arbeitswelt gestalten kannst – **ehrlich, nachhaltig und lebendig**.

Es ist Zeit, deinen eigenen Rhythmus zu entdecken. Und eine Arbeitswelt mitzugestalten, die mehr ist als nur ein Ort des Funktionierens – sondern ein Ort des Wachsens, Wirkens und Wohlfühlens.

12.Purpose oder Paycheck? Was dich wirklich motiviert

„Wenn du das tust, was du liebst, wirst du nie wieder arbeiten müssen."
– Konfuzius

„Der Lohn der Arbeit ist nicht nur das, was du bekommst – sondern das, was du wirst."
– Unbekannt

Warum du arbeitest – und wofür es sich wirklich lohnt

In Bewerbungsgesprächen und auf Karriereseiten liest man oft: „Wir suchen Menschen mit Leidenschaft." Doch was heißt das eigentlich? Ist es der berühmte *Purpose*, der uns morgens aufstehen lässt? Oder sind es eher Stabilität, Sicherheit, der *Paycheck* am Monatsende?

Die Wahrheit ist: Motivation ist **vielschichtig**. Und sie verändert sich. Was dich mit Anfang zwanzig antreibt, kann mit Mitte vierzig ganz anders aussehen.

Der Wunsch nach Impact kann dem Bedürfnis nach Ruhe weichen – oder umgekehrt. Und das ist okay. Denn wahre Motivation ist **lebendig**. Und sie lässt sich nicht in ein starres „Entweder-Oder" pressen.

Intrinsisch vs. extrinsisch – eine alte Unterscheidung neu gedacht

Psychologisch unterscheiden wir zwischen zwei Hauptarten von Motivation:

- **Extrinsische Motivation** – etwa Geld, Status, Anerkennung von außen.
- **Intrinsische Motivation** – das innere Feuer: Freude am Tun, Neugier, Sinn.

Früher galt: Wer intrinsisch motiviert ist, ist „besser", engagierter, edler. Doch das greift zu kurz. Auch extrinsische Faktoren haben ihre Berechtigung. Sicherheit und Wertschätzung sind menschliche Grundbedürfnisse. Und manchmal ist der sichere Paycheck der notwendige Rahmen, um innerlich frei zu wachsen.

☞ Die Frage ist nicht: **„Was ist besser?"**, sondern:
„Was treibt dich gerade an – und was brauchst du, um dich erfüllt zu fühlen?"

Zwischen Ideal und Realität – das Spannungsfeld verstehen

Viele Menschen fühlen sich in einem inneren Konflikt:
Sie möchten sinnstiftend arbeiten, spüren aber die Verpflichtungen des Alltags: Rechnungen, Familie, Altersvorsorge. Doch vielleicht ist Purpose nicht das große Ziel – sondern der kleine Moment, in dem du Sinn spürst.

Doch vielleicht geht es gar nicht um die **große Sinn-Offenbarung**, sondern um etwas viel Praktischeres:

Wo in deinem Arbeitsalltag findest du Momente, die dich innerlich berühren?
Wo erlebst du Verbundenheit, Wirksamkeit, kreative Freiheit?

Auch kleine Sinninseln haben eine große Wirkung. Vielleicht hilft dir ein Feedback, das du bekommst. Oder ein Projekt, in dem du etwas bewegen konntest. Purpose muss nicht immer monumental sein. **Oft steckt er im Kleinen.**

Reflexionsimpuls

Nimm dir fünf Minuten Zeit und beantworte für dich folgende Fragen:

- **Wann warst du das letzte Mal wirklich erfüllt bei der Arbeit? Was war die Situation?**
- **Was ist dir im Arbeitskontext wichtiger: Freiheit oder Sicherheit? Warum?**
- **Würdest du deinen jetzigen Job auch machen, wenn Geld keine Rolle spielen würde?**
- **Was war ein Moment, in dem du dich besonders motiviert gefühlt hast? Was hat ihn ausgelöst?**

Notiere hier:

Fazit: Dein individueller Motivations-kompass

Motivation ist wie ein innerer Kompass. Manchmal zeigt er auf Abenteuer, manchmal auf Ruhe. Mal auf Sinn, mal auf Struktur. Und du darfst ihn neu ausrichten, wann immer es nötig ist.

Wichtig ist: **Du musst nicht perfekt motiviert sein.**
Aber du solltest wissen, **was dich trägt** – und was dir fehlt.

Denn nur so kannst du deinen Rhythmus leben. Und genau das ist es, was in der neuen Arbeitswelt zählt.

13. Berufliches Glück jenseits des Perfektionismus – Warum „gut genug" oft der bessere Weg ist

„Perfektion ist nicht dann erreicht, wenn man nichts mehr hinzufügen kann, sondern wenn man nichts mehr weglassen kann."
– Antoine de Saint-Exupéry

Wenn der Anspruch zur Last wird

Du kennst sie sicher, diese innere Stimme, die flüstert: „Du könntest es besser machen. Es reicht noch nicht. Du darfst nicht scheitern." Sie kommt leise, aber sie bleibt lange. Sie wohnt in Überstunden, in endlosen Korrekturschleifen, in schlaflosen Nächten. Und sie nennt sich oft: **Perfektionismus**.

Was nach einem strebsamen Ideal klingt, entpuppt sich im Alltag häufig als **hemmende Kraft**. Statt unsere Potenziale zu entfalten, engt uns der Drang zur Perfektion ein.
Und in der modernen Arbeitswelt – die ohnehin von Geschwindigkeit, Wandel und Unsicherheit geprägt ist – kann genau dieser Anspruch zu einer **echten Belastung** werden.

Die Schattenseite des Strebens

Perfektionismus ist nicht gleichzusetzen mit Qualität. Der Wunsch, gute Arbeit zu leisten, ist gesund – solange er nicht zur Selbstsabotage wird. Kritisch wird es, wenn:

- du **Aufgaben aufschiebst**, weil du Angst hast, nicht perfekt zu starten
- du **ständig über deine Grenzen gehst**, um alles „richtig" zu machen
- du **kein Lob annehmen kannst**, weil du „noch nicht zufrieden" bist
- du **Fehler als persönliche Niederlagen** empfindest statt als Lernchance

Perfektionismus lässt uns nicht besser werden – sondern härter mit uns selbst. Und das steht oft dem beruflichen Glück im Weg.

Die Kultur der Fehlerfreundlichkeit

In innovativen Unternehmen wird es längst praktiziert: Fehler dürfen passieren – weil sie **Hinweise auf Entwicklungspotenziale** sind.
„Fail fast, learn faster" heißt das Prinzip, und es setzt auf **Lernkultur statt Fehlervermeidung**.

Doch auch im eigenen Denken können wir neue Standards setzen:
Statt „perfekt" streben wir **authentisch, effektiv, sinnvoll** an.
Statt Kontrolle suchen wir **Klarheit und Flexibilität**.
Und statt uns selbst zu überfordern, bauen wir auf **Balance und Vertrauen**.

Das Konzept von „Good Enough Work"

Ein Schlüsselkonzept aus der modernen Arbeitspsychologie lautet:
Good Enough Work. Es bedeutet:

- Du gibst **dein Bestes** – aber nicht auf Kosten deiner Gesundheit.
- Du achtest auf **Effektivität statt Perfektion**.
- Du erkennst an, **wann etwas wirklich fertig ist**, statt es endlos zu überarbeiten.

Gerade in kreativen oder komplexen Projekten ist dieser Ansatz ein echter Gamechanger. Denn oft ist „fertig" besser als „perfekt" – und deutlich gesünder.

Reflektiere für dich:

- Wo in deinem Alltag verlierst du dich im Perfektionismus?
- Welche Aufgaben brauchst du nicht *perfekt*, sondern einfach nur *zuverlässig* erledigen?
- Welche Rückmeldungen zeigen dir, dass dein Anspruch höher ist als der tatsächliche Bedarf?

☞ Setze dir diese Woche ein Ziel: **Mach eine Sache bewusst unperfekt, aber abgeschlossen.**
Beobachte, wie es sich anfühlt – und was sich vielleicht sogar erleichtert.

**Fazit: Berufliches Glück ist nicht makellos –
es ist lebendig**

Wirklich glücklich im Job wirst du nicht, wenn du alle Erwartungen erfüllst – sondern wenn du lernst, **echte Prioritäten zu setzen, Fehler zuzulassen** und **deine Energie zu schützen.**

Dein Wert entsteht nicht durch Fehlerfreiheit.

Sondern durch <u>deine Haltung</u>, deine Ideen und deine Bereitschaft, **Mensch zu sein – auch bei der Arbeit.** Denn manchmal liegt die wahre Exzellenz im Mut zur Echtheit.

14. Dein Manifest für neue Arbeitswelten – Was du wirklich willst und wie du es mutig formulierst

„Sei du selbst die Veränderung, die du dir wünschst für diese Welt."
– Mahatma Gandhi

Warum ein persönliches Manifest?

Wir leben in einer Zeit, in der sich Arbeitswelten so rasant wandeln, dass viele von uns das Gefühl haben, eher zu reagieren als aktiv zu gestalten.
Zwischen Homeoffice und hybriden Meetings, Projekt-Druck und digitalen Tools verlieren wir manchmal den Kontakt zu dem, **was uns eigentlich wichtig ist**.

Ein persönliches Manifest ist kein Karriereziel.
Es ist **eine bewusste Entscheidung**.
Ein Kompass.
Eine Haltung, mit der du deine Arbeitswelt nicht nur **überstehst**, sondern **mitgestaltest**.

Ein Manifest hilft dir, deine **inneren Werte**, deine **Grenzen** und deine **Motivationen** sichtbar zu machen – für dich selbst, aber auch für dein Umfeld.

Was gehört in dein Manifest?

Ein Manifest ist individuell. Es gibt keine vorgegebene Struktur, aber es gibt wiederkehrende Elemente, die dir beim Formulieren helfen können:

1. **Was du brauchst, um gut zu arbeiten**
   – z. B. Fokuszeiten, ehrliche Kommunikation, kreative Freiräume
2. **Was du bereit bist zu geben**
   – z. B. Engagement, Verlässlichkeit, Ideenreichtum
3. **Welche Werte dich leiten**
   – z. B. Respekt, Nachhaltigkeit, Vertrauen, Fairness
4. **Welche Arbeitsformen du bevorzugst**
   – z. B. Remote, flexibel, kooperativ, projektbasiert
5. **Was du nicht mehr mitträgst,**
   – z. B. Dauerverfügbarkeit, toxische Dynamiken, Scheinlösungen
6. **Worauf du hinarbeiten willst,**
   – z. B. Wirksamkeit, Sinnhaftigkeit, gesunde Zusammenarbeit

Das Manifest ist keine To-do-Liste

Es ist **ein Bekenntnis** – aber keines, das du perfekt erfüllen musst. Es darf sich verändern, wachsen, angepasst werden. Wichtig ist, dass es **deine Stimme** trägt. Nicht die deines Unternehmens. Nicht die deines Umfelds. Sondern **deine Haltung zur Arbeit – heute.**

Damit dein Manifest nicht nur ein Papier bleibt, sondern gelebte Realität wird, brauchst du Werkzeuge, die dich im Alltag unterstützen.

<u>**Praxisimpuls:**</u> **Dein persönliches Manifest**

Nimm dir 20 Minuten Zeit. Schreib ohne Zensur. Ohne Anspruch. Einfach ehrlich.

- *Ich glaube an …*
- *Ich lehne ab …*
- *Ich brauche …*
- *Ich bin bereit für …*
- *Ich möchte erschaffen …*

Wenn du magst, häng dein Manifest an deinen Arbeitsplatz. Lies es dir regelmäßig durch. Es erinnert dich daran, **dass du mehr bist als deine Rolle – und dass du Gestalter:in bist, nicht nur Ausführende:r.**

Mut zur Haltung – auch im Arbeitskontext

In einer Welt, in der vieles ungewiss ist, wird deine Haltung zum Anker. Sie macht dich klar. Und Klarheit schafft Vertrauen – zu dir selbst, zu anderen.

Es geht nicht darum, rebellisch zu sein. Es geht darum, **authentisch** zu sein.
Wer sagt: „So möchte ich arbeiten" – und es lebt – inspiriert andere, das Gleiche zu tun.

Vielleicht verändert dein Manifest nicht die ganze Welt. Aber es verändert **deine**. Und das ist ein Anfang.

<u>Gedanken zum Thema:</u>

Was bleibt? Was trägt?

Nach all den Impulsen bleibt die Frage: Warum tun wir, was wir tun? Was treibt uns morgens an? Dieses Kapitel lädt dich ein, innezuhalten – und deine persönliche Antwort zu finden.

Warum tun wir, was wir tun? Was treibt uns an, Tag für Tag aufzustehen, Aufgaben zu bewältigen, Lösungen zu finden – trotz Stress, Herausforderungen und mancher Sinnkrise?

In einer Welt, in der Karrierewege nicht mehr linear verlaufen, Arbeitsplätze nicht mehr fix an einen Ort gebunden sind und Identität nicht nur durch Berufsbezeichnung definiert wird, stellt sich die Frage nach **Motivation** neu. Ist es das Gehalt, das uns morgens ins (Home-) Office treibt? Oder das Gefühl, Teil von etwas Bedeutungsvollem zu sein?

Der Wandel der Arbeitsmotivation

Früher stand oft Sicherheit im Zentrum: ein fester Job, ein geregeltes Einkommen, klare Strukturen. Heute suchen viele Menschen nach **Sinn, Autonomie und Wirksamkeit**. Studien zeigen: Besonders in hybriden und dynamischen Arbeitsmodellen sind **intrinsische Motivatoren** entscheidend.

Was uns wirklich bewegt:

- das Gefühl, einen Beitrag zu leisten
- Entwicklung und persönliches Wachstum
- Werte, die mit der eigenen Haltung übereinstimmen

- Teilhabe an etwas, das größer ist als man selbst

Gehalt bleibt wichtig – aber allein reicht es oft nicht mehr.

Purpose – Modewort oder Lebenskompass?

„Purpose" ist in vielen Unternehmen zum Buzzword geworden. Doch der Sinn der Arbeit ist keine Marketingstrategie – sondern eine zutiefst persönliche Frage:
Warum tust du, was du tust? Und für wen?

Der Paycheck ist nicht das Problem

Die Frage ist nicht entweder/oder, sondern: **Wie bringe ich Paycheck & Purpose in Einklang?**

Der Weg zur eigenen Motivation

Um herauszufinden, was dich wirklich motiviert, hilft ein Blick auf drei zentrale Fragen:

1. **Was gibt dir Energie – auch wenn es anstrengend ist?**
2. **Wann fühlst du dich lebendig, klar, verbunden?**
3. **Was würdest du auch tun, wenn dir niemand dafür applaudiert?**

Diese Antworten zeigen, wo dein innerer Antrieb wohnt. Und vielleicht auch, was du ändern möchtest.

Praxisimpuls: Dein Motivations-Kompass

Nimm dir 20 Minuten Zeit und beantworte für dich:

- Was sind meine *drei wichtigsten Werte* – und wie spiegeln sie sich in meiner Arbeit?
- Was bedeutet Erfolg für mich – heute, nicht vor zehn Jahren?
- In welchen Momenten war ich stolz auf mich – und warum?

Tipp: Schreibe die Antworten in ein Notizbuch und lies sie dir regelmäßig durch auf einzeln auf PostIts und klebe sie dir sichtbar hin – vor allem an Tagen, an denen du dich „ausgebrannt" fühlst.

Ob Purpose oder Paycheck – **was dich wirklich motiviert, darf sich im Lauf des Lebens verändern.** Wichtig ist, dass du es bewusst wahrnimmst. Denn wer weiß, was ihn antreibt, wird nicht so leicht ausgebremst – selbst im Sturm neuer Arbeitswelten.

15. Konkrete Praxisübungen für deinen Alltag – Tools & Techniken für mehr Balance, Fokus und Wirksamkeit

„In der Mitte von Schwierigkeiten liegen die Möglichkeiten."
– Albert Einstein

Der Wandel der Arbeitswelt stellt uns täglich vor neue Herausforderungen. Doch Veränderung muss nicht lähmen – sie kann auch beflügeln. Wenn wir lernen, bewusst mit ihr umzugehen, eröffnen sich ungeahnte Spielräume: für Klarheit, Konzentration, Kreativität – und für Balance. In diesem Kapitel erhältst du **konkrete Werkzeuge**, die du direkt in deinen (Arbeits-)Alltag integrieren kannst. Einfach. Wirksam. Alltagsnah.

1. Der 10-Minuten-Fokus

Worum geht's?
Gerade in hybriden Strukturen neigen wir dazu, zwischen Aufgaben, Tools und Reizen hin- und herzuspringen. Fokus leidet – und mit ihm die Tiefe unserer Arbeit.

So geht's:
Wähle eine Aufgabe. Stelle einen Timer auf **10 Minuten**. In dieser Zeit schaltest du alle Ablenkungen aus (Benachrichtigungen stumm, E-Mail-Tab zu, Smartphone außer Reichweite). Bleib konsequent bei **einer einzigen Tätigkeit**.

Nach den 10 Minuten: kurze Pause. Dann kannst du entscheiden, ob du weitermachst oder bewusst wechselst.

Warum funktioniert das?
10 Minuten sind machbar. Und oft reichen sie, um in einen Zustand der Konzentration zu kommen – der häufig länger anhält, als du denkst.

2. Der Mikro-Moment der Achtsamkeit

Worum geht's?
Wir leben oft im „Autopilot-Modus". Um bewusst zu handeln, braucht es keine Meditation im Lotussitz – sondern kurze Unterbrechungen mit Wirkung.

So geht's:
Stell dir mehrmals täglich diese Fragen:

- *Was spüre ich gerade in meinem Körper?*
- *Was denke ich gerade – ohne zu bewerten?*
- *Was brauche ich jetzt?*
  Das Ganze dauert **1 Minute** – aber verändert deine Haltung spürbar.

Tipp: Verknüpfe es mit einem Trigger: z. B. beim Warten auf das nächste Meeting, beim Kaffee holen oder beim Einloggen am Rechner.

3. Die Energie-Inventur

Worum geht's?
Nicht jede Tätigkeit erschöpft – manche geben Energie. Andere rauben sie dir dauerhaft. Höchste Zeit, das bewusst zu machen.

So geht's:
Erstelle eine Tabelle mit zwei Spalten:

- *Was gibt mir Energie?*
- *Was raubt mir Energie?*

Schreib spontan auf – aus deinem Job, deinem Alltag, deiner Kommunikation. Danach markierst du:

- Was du **verstärken** möchtest
- Was du **verändern** oder reduzieren möchtest
- Was du **akzeptieren**, aber aktiv ausgleichen kannst

Ziel: Du gestaltest deinen Alltag nicht nur effizient – sondern **energiebewusst**.

4. Die 3-3-3-Regel für digitale Balance

Worum geht's?
Digitales Arbeiten braucht neue Regeln – sonst frisst es unsere Zeit, Energie und Aufmerksamkeit.

So geht's:
🕐 **3 Fokussessions pro Tag** (je ca. 60–90 Min ohne Ablenkung)
✉ **3 feste E-Mail-Zeiten** (z. B. morgens, mittags, nachmittags)
▮ **3 digitale Auszeiten** (z. B. beim Essen, nach 20 Uhr, 1h ohne Bildschirm täglich)

Warum?
Diese Regel hilft dir, **bewusst zu strukturieren**, statt dauernd „on" zu sein. Und sie schützt deine geistige Gesundheit nachhaltig.

5. Die Werte-Anker-Karte

Worum geht's?
Gerade wenn es stressig wird, verlieren wir oft aus dem Blick, was uns wichtig ist. Die Wertekarte ist dein Kompass in stürmischen Zeiten.

So geht's:
Notiere 3–5 Werte, die dich aktuell leiten sollen (z. B. Klarheit, Mitgefühl, Fokus, Leichtigkeit).
Schreib sie auf eine kleine Karte oder in deinen Kalender.
Lies sie täglich morgens (z. B. vor dem ersten Termin). Frag dich: *Wie kann ich heute in Einklang mit diesen Werten handeln?*

Warum hilft das?
Du holst deine inneren Überzeugungen aktiv in deinen Alltag. So
wirst du **wirksam aus der Mitte heraus** – nicht getrieben von außen.

6. Das Wochenausklang-Ritual

Worum geht's?
Oft hetzen wir direkt vom letzten Task ins Wochenende – und wun-
dern uns, warum der Kopf noch „an" bleibt. Ein bewusstes Ritual
hilft dir, **abzuschalten und zu reflektieren.**

So geht's:
Freitag, 15 Minuten vor Feierabend:

- Was war diese Woche mein größter Fortschritt?
- Was hat mich herausgefordert – und was habe ich daraus ge-
  lernt?
- Was lasse ich hier und jetzt los?

Schreibe es handschriftlich auf – in ein Notizbuch oder Journal.
Schließe mit einem bewussten Satz wie: *„Ich habe getan, was ich
konnte. Jetzt darf Ruhe einkehren."*

Es sind nicht die großen Veränderungspläne, die deinen Alltag nachhaltig verbessern – sondern **kleine, konsequente Schritte**, die du regelmäßig gehst. Die oben genannten Tools und Techniken helfen dir,
dich im Wandel zu verankern, **deinen Rhythmus zu finden und zu
halten** – in einer Welt, die sich immer schneller dreht.

Du bist nicht nur Teil der neuen Arbeitswelt. Du **gestaltest sie mit** – durch jeden bewussten Moment, jede Entscheidung für Klarheit, Verbindung und innere Stärke.

✦ Auf deinem Weg – ein letzter Gedanke vor dem Anhang

Du hast dieses Buch nicht nur gelesen, du hast dich auf den Weg gemacht. Du hast reflektiert, ausprobiert, neue Perspektiven gewonnen. Vielleicht war nicht jede Antwort einfach – und manche Frage bleibt offen. Doch genau darin liegt die Kraft: in der bewussten Auseinandersetzung mit dem, was ist – und dem, was möglich wird.

Der folgende Anhang ist keine bloße Ergänzung. Er ist dein **Werkzeugkasten**. Deine **Landkarte** für weitere Etappen. Hier findest du **Impulse zur Selbstreflexion**, weiterführende **Ressourcen** – und einen **Work-Life-Check**, der dir hilft, deinen eigenen Rhythmus immer wieder neu auszutarieren.

Denn: **Dein Job. Dein Leben. Dein Rhythmus.**

Mach weiter – Schritt für Schritt, bewusst und mutig.

📌 Anhang

Reflexionsfragen: Deine persönliche Standortbestimmung

Nutze diese Fragen zur Selbstreflexion – für dich allein, in deinem Notizbuch oder als Gesprächsimpuls im Team.

Arbeitsrhythmus & Energie:

- Wann in meinem Arbeitsalltag fühle ich mich am kraftvollsten – und warum?
- Welche Routinen nähren meine Energie? Welche rauben sie mir?
- Was bedeutet ein „guter Arbeitstag" für mich – und wie oft erlebe ich ihn?

Grenzen & Balance:

- Wo verschwimmen bei mir die Grenzen zwischen Arbeit und Privatleben – und wie fühlt sich das an?
- Wann sage ich „Ja", obwohl ich lieber „Nein" sagen würde? Warum?
- Welche Auszeiten habe ich mir in letzter Zeit bewusst gegönnt?

Zugehörigkeit & Sinn:

- Wo erlebe ich echte Verbindung in meinem (hybriden) Arbeitsumfeld?
- Welche Aspekte meiner Arbeit geben mir ein Gefühl von Sinn?

- Was müsste sich ändern, damit ich mich noch mehr mit meiner Arbeit identifizieren kann?

Work-Life-Check: 7 Fragen für deinen Rhythmus

Bewerte jede Aussage auf einer Skala von 1 (trifft gar nicht zu) bis 5 (trifft voll und ganz zu):

1. Ich habe feste Zeiten, in denen ich nicht arbeite – und halte sie ein.
2. Ich weiß, welche Tätigkeiten mir Energie geben und plane sie bewusst ein.
3. Ich erkenne frühzeitig, wenn ich erschöpft bin, und handle entsprechend.
4. Ich kann mich auch digital mit meinem Team verbunden fühlen.
5. Ich habe klare berufliche Ziele – und überprüfe regelmäßig, ob sie noch passen.
6. Ich nehme mir im Alltag bewusst kleine Pausen für mich selbst.
7. Ich empfinde meine Arbeit als sinnstiftend und erfüllend.

Auswertung:

- **7–17 Punkte**: Dein Rhythmus braucht Aufmerksamkeit. Was kannst du konkret verändern?
- **18–26 Punkte**: Du bist auf einem guten Weg – überprüfe regelmäßig, was dich stärkt.
- **27–35 Punkte**: Starke Balance! Nutze deine Klarheit, um andere zu inspirieren.

Praxistipp: Die persönliche Grenzlinie – in 3 Schritten

Diese Übung hilft dir, deine eigenen Grenzen besser wahrzunehmen und bewusst zu formulieren.

Schritt 1: Spür hin

Nimm dir 10 Minuten Zeit. Notiere:

- Wann warst du das letzte Mal genervt, überfordert oder erschöpft?
- Was genau hat dich in diesen Moment geführt?
- Was hättest du gebraucht – und was hast du stattdessen getan?

Du wirst erste Hinweise auf deine persönlichen Grenzbereiche erkennen.

Schritt 2: Formuliere dein inneres Stopp

Wandle deine Erkenntnis in einen klaren Satz um:

- „Wenn ich nach 19 Uhr noch arbeite, spüre ich …"
- „Wenn ich keine Pause mache, merke ich …"
- „Ich brauche mindestens X Minuten Rückzug nach …"

So lernst du, *deinen* inneren Takt mit *deinen* Grenzen zu synchronisieren.

Schritt 3: Übe das klare Nein

Nimm dir vor, in den nächsten drei Tagen mindestens **einmal bewusst Nein** zu sagen – freundlich, klar, begründet.

Zum Beispiel:

- „Ich schaffe das heute nicht, ohne meine Erholungszeit zu gefährden."
- „Ich muss das erst intern klären – gib mir bitte bis morgen Zeit."
- „Ich habe diese Woche keinen Spielraum mehr, können wir einen neuen Zeitpunkt finden?"

Du wirst erleben: Grenzen schaffen Respekt. Und Klarheit zieht Klarheit an.

Grenzen zu setzen ist kein einmaliger Akt – es ist ein Prozess.
Ein Lernfeld. Und ein Befreiungsschritt.

Denn du darfst entscheiden, wie viel du gibst. Du darfst deinen Raum schützen.
Und du darfst dich selbst so ernst nehmen wie deinen Job.

Balance beginnt dort, wo du aufhörst, dich zu verbiegen.

Empfohlene Ressourcen

Lesenswerte Bücher:

- *Die 4-Stunden-Woche* – Timothy Ferriss
- *Essentialismus* – Greg McKeown
- *Deep Work* – Cal Newport
- *Radical Candor* – Kim Scott
- *Reinventing Organizations* – Frederic Laloux

Podcasts & Onlineformate:

- *Hotel Matze* (Interviews über Sinn & Selbstführung)
- *Der achtsame Tiger* (Work-Life & Achtsamkeit)
- *Alles gesagt?* (Langform-Gespräche mit Impulsgeber*innen)

Tools & Apps:

- **Toggl Track** – Zeitmanagement
- **Headspace** / **7Mind** – Meditation & Achtsamkeit
- **Notion** / **Trello** – Selbstorganisation

🙏 Dank & Ausblick

Dieses Buch ist mehr als ein Ratgeber. Es ist ein Weggefährte. Mein Wunsch ist, dass du aus den Impulsen deinen ganz eigenen Rhythmus formst – einen, der dir nicht nur durch den Arbeitsalltag hilft, sondern dich auch erfüllt und stärkt.

Danke, dass du dir die Zeit genommen hast. Für dich. Für dein Wachstum. Für neue Wege.

Und wer weiß – vielleicht begegnen wir uns wieder. In einem neuen Projekt. In einem Coaching. Oder einfach: **im richtigen Moment.**

Bleib dir treu – und deinem Rhythmus nah.

Herzlich,
Nicole Jung

Buchverweis: « **Dein Wert bist du** »
- **Buch:**　　9783759729729
- **eBook:**　　9783759772220

Buchverweis: « **Dein Stress, deine Regeln!** »
- **Buch:**　　9783769398137
- **eBook:**　　9783819216718

Autorenseite: https://www.nicole-jung.de

Folge mir auf Tiktok und facebook unter: **writer.coach**

BONUS 1:

Über viele Jahrzehnte prägte ein einfaches Bild unser Verständnis vom guten Leben: Tagsüber wurde gearbeitet – oft hart, diszipliniert, in festen Strukturen – und nach Feierabend begann das sogenannte „echte Leben". Familie, Freunde, Hobbys, Erholung – das war der Ausgleich, das Gegengewicht zum Beruf. Die Arbeit hatte ihren festen Platz, zeitlich und räumlich getrennt von dem, was als Leben galt. Die Metapher der Balance, der Waage mit zwei sauber abgegrenzten Schalen – Arbeit hier, Leben dort – erschien logisch, einfach, beherrschbar.

Doch dieses Bild trägt heute nicht mehr.

Mit der digitalen Transformation und den gesellschaftlichen Umbrüchen der letzten Jahre – vom Homeoffice-Boom bis hin zu globalen Krisen – sind die Grenzen zwischen Arbeit und Privatleben zunehmend porös geworden. Der Laptop steht auf dem Küchentisch, der Morgen beginnt mit dem ersten Blick aufs Diensthandy, und der Feierabend verschwimmt im Strom der eingehenden Nachrichten. Nicht wenige arbeiten in ihrem privaten Raum, kommunizieren rund um die Uhr und sind oft „körperlich anwesend, aber mental noch bei der Arbeit".

Gleichzeitig sind viele Menschen auf der Suche nach mehr Sinn, mehr Gestaltungsfreiheit und mehr Lebensqualität. Es geht nicht mehr nur um das Erfüllen von Arbeitsaufgaben – sondern um das Gefühl, sich selbst dabei nicht zu verlieren.

Die klassische Work-Life-Balance – ein Konzept am Limit?

Das Ideal der Work-Life-Balance beruhte auf der Annahme, dass sich Arbeit und Leben gegenüberstehen, als müssten sie ständig ausgeglichen werden. Dabei war unausgesprochen klar: Arbeit bedeutet Anstrengung, Leben bedeutet Entspannung. Die Balance musste also durch Kompensation erreicht werden – je mehr Stress im Job, desto mehr Yoga, Spaziergänge, Urlaube, Digital Detox. Doch dieses Modell ist zum Scheitern verurteilt, wenn die Arbeit sich unaufhaltsam ins Leben hineinfrisst.

Denn was passiert, wenn die Arbeit nicht mehr klar abgegrenzt werden kann? Wenn sie nicht nur in unseren Kalendern, sondern auch in unseren Köpfen überhandnimmt? Wenn der Sonntagabend nicht mehr Entspannung, sondern Vorahnung bedeutet?

Die Wahrheit ist: Wir können unser Leben nicht in zwei Hälften teilen – und das müssen wir auch nicht.

Vom Entweder-Oder zum Sowohl-als-auch

Ein modernes Verständnis von Balance geht weit über Zeitmanagement hinaus. Es stellt nicht nur die Frage, *wie* viele Stunden wir arbeiten – sondern *wie* wir diese erleben. Wie energiegeladen, sinnerfüllt und im Einklang mit unseren Werten empfinden wir unsere Arbeit? Und wie gelingt es uns, unser gesamtes Leben – mit all seinen Facetten – als verbundenes Ganzes zu gestalten?

Work-Life-Balance darf keine statische Gleichung bleiben. Sie ist ein dynamisches Spiel aus Spannung und Entspannung, aus Leistung und Loslassen, aus Präsenz im Tun und im Sein. Wer lernt, die eigene Energie zu steuern – statt nur die Uhr – wird unabhängiger von äußeren Taktgebern und findet zu einem inneren Rhythmus zurück.

Ein zukunftsfähiger Ansatz könnte lauten:

Nicht Arbeit oder Leben – sondern Leben mit sinnvoll integrierter Arbeit.

Integration statt Abgrenzung

Arbeit ist ein Teil des Lebens. Und für viele Menschen auch ein bedeutungsvoller Teil – ein Ort der Gestaltung, der Begegnung, der Selbstverwirklichung. Die Herausforderung liegt nicht darin, Arbeit aus dem Leben herauszuhalten, sondern sie *so* in unser Leben zu integrieren, dass sie nicht zur Belastung, sondern zur Bereicherung wird.

Das bedeutet nicht, dass es keine Grenzen mehr geben darf – im Gegenteil. Es geht um bewusste Übergänge, klare Rituale, echte Pausen und die Fähigkeit, Verantwortung für den eigenen Energiehaushalt zu übernehmen.

Fragen, die dir helfen können:

- Wofür arbeite ich wirklich – und was ist mir *darüber hinaus* wichtig?
- Welche Rhythmen tun mir gut – mental, körperlich, emotional?
- Wo lasse ich zu, dass Arbeit sich in mein Leben drängt – und warum?
- Wo darf ich (wieder) mehr Raum für mich selbst schaffen?

Dein Rhythmus zählt

Work-Life-Balance ist keine universelle Formel. Was für die eine Person erfüllend ist, kann für eine andere stressig sein. Deshalb brauchen wir ein neues Verständnis von Arbeitsleben: individuell, flexibel, menschenzentriert.

Dieses Kapitel will dich einladen, das alte Bild von Balance loszulassen. Es will dir Mut machen, deinen eigenen Rhythmus zu entdecken – jenseits von Leistungsdruck, starren Arbeitszeitmodellen und dem Wunsch, es allen recht zu machen. Du darfst Arbeit und Leben nicht nur in Einklang bringen – du darfst sie neu denken.

Denn am Ende geht es nicht um Balance im Kalender –
sondern um **Balance im Inneren.**

Deine Notizen zu diesen Gedanken:

◎ Praxistipp: Der 3-Tage-Rhythmus-Check

Diese Übung ist ein einfacher Einstieg, um deinem inneren Rhythmus näherzukommen. Du brauchst nur drei Tage, ein Notizbuch (oder dein Smartphone) und ein paar ruhige Minuten pro Tag.

Tag 1–3:

1. Morgens (direkt nach dem Aufstehen, ca. 2 Minuten)

- Wie habe ich geschlafen? (z. B. ruhig, unterbrochen, tief)
- Wie fühlt sich mein Körper an?
- Wie ist meine Energie auf einer Skala von 1–10?
- Was wünsche ich mir heute? (z. B. Fokus, Leichtigkeit, Rückzug, Verbindung)

2. Mittags (kleiner Zwischenstopp, ca. 3 Minuten)

- Wie präsent bin ich gerade? (z. B. 0 = total gehetzt, 10 = voll im Moment)
- Was raubt mir gerade Energie?
- Was gibt mir gerade Kraft?

3. Abends (kurze Reflexion, ca. 5 Minuten)

- Welche Momente heute haben sich richtig gut angefühlt?
- Wann habe ich gegen meinen Rhythmus gearbeitet?
- Was würde ich morgen anders machen?

Tipp:

Nutze Farben oder Symbole, um deine Energie visuell darzustellen. Nach drei Tagen wirst du erste Muster erkennen: Wann du wach und kreativ bist. Wann du gereizt oder erschöpft reagierst. Und was du brauchst, um dich wieder zu zentrieren.

Diese Übung ist kein Selbstoptimierungstool – sie ist ein Kompass. Sie erinnert dich daran, dass du die Freiheit hast, dein Leben bewusster zu gestalten. Nicht im Perfektionismus, sondern in der Verbindung zu dir selbst.

Denn dein Rhythmus ist der Anfang deiner echten Work-Life-Balance.
Und Balance beginnt mit einem Schritt: **Hinhören.**

BONUS 2

Grenzen setzen in einer grenzenlosen Welt

Grenzen sind ein zentrales Thema in diesem Buch – aus gutem Grund. Denn in einer Arbeitswelt ohne klare Taktgeber, mit fließenden Übergängen und ständiger Erreichbarkeit wird Selbstabgrenzung zur Schlüsselkompetenz.

Du hast in Kapitel 7 bereits Impulse erhalten, wie du Grenzen setzen kannst – respektvoll, klar und im Einklang mit deinen Werten. In diesem Bonus-Kapitel geht es nicht um Wiederholung – sondern um **Vertiefung**.

☞ **Hier tauchst du emotional ein**:
Warum fällt es oft so schwer, Nein zu sagen? Welche unsichtbaren Muster hindern dich daran, für dich einzustehen? Und wie gelingt ein echtes Ja zu dir selbst – im Kleinen, im Alltag, inmitten aller Anforderungen?

Dieses Bonus-Kapitel will dich nicht belehren, sondern bestärken: **Grenzen sind keine Mauern. Sie sind ein Akt von Selbstfürsorge – und manchmal auch von Mut.**

„Mut ist, Nein zu sagen, wenn alle ein Ja erwarten.“
– Unbekannt

Die Welt, in der wir leben und arbeiten, hat sich gewandelt. Sie ist durchlässiger geworden, dynamischer – und oft: **grenzenlos**. Arbeitszeit und Freizeit verschwimmen. Der Laptop auf dem

Küchentisch, das Smartphone auf dem Nachttisch, das Meeting zwischen Tür und Kinderzimmer. Flexibilität ist das neue Ideal – und wird doch oft zum unsichtbaren Käfig.

Denn wo alles möglich scheint, wird es schwerer, sich selbst **abzugrenzen**.

Wenn Nein sagen schwerfällt

Vielleicht kennst du das:
Du bekommst eine Nachricht – „Kannst du das noch übernehmen?" –
und obwohl dein Tag längst zu voll ist, schreibst du: „Klar!"
Du sagst Ja, obwohl dein Inneres Nein schreit.
Du bist verständnisvoll, verfügbar, lösungsorientiert – doch irgendwann spürst du: Du verlierst dich selbst.

Warum ist das so?

Grenzen zu setzen bedeutet nicht, egoistisch zu sein. Es bedeutet, **verantwortlich** zu sein – für deine Energie, deine Gesundheit, deine Zeit. Doch viele von uns wurden geprägt mit dem Gedanken: „Mach's allen recht", „Sei hilfsbereit", „Zeig dich loyal". Grenzenlosigkeit wurde oft belohnt – mit Anerkennung, Zugehörigkeit oder dem Gefühl, gebraucht zu werden.

Doch sie hat ihren Preis: Erschöpfung. Reizbarkeit. Verlust von Klarheit.

Unsichtbare Erwartungen

In der neuen Arbeitswelt – mit Homeoffice, flachen Hierarchien und agilen Teams – fehlt oft die Struktur, die früher Grenzen gesetzt hat. Kein klares Feierabend-Gong, kein Türenschließen nach der Arbeit. Die Erwartungen werden subtiler – und manchmal kommen sie gar nicht von außen, sondern von innen.

„Ich sollte erreichbar sein."
„Ich kann jetzt nicht einfach ausloggen."
„Die anderen schaffen das doch auch."

Diese inneren Stimmen haben Macht. Aber sie sind nicht immer wahr.

Wahre Stärke liegt im Stopp

Grenzen sind kein Zeichen von Schwäche. Sie sind Ausdruck von Selbstachtung. Wer Grenzen setzt, schützt nicht nur sich selbst – sondern auch die Qualität der eigenen Arbeit, Beziehungen und Lebensfreude.

Denn nur, wer abgrenzen kann, kann auch wirklich **verbinden**. Wer Raum schafft, kann auch Raum geben. Und wer Nein sagt, macht Platz für das, was wirklich zählt.

Eine kleine „**Abschlussreflexion**" für diesen Ratgeber:

Was nehme ich mit?

• Was hat mich am meisten berührt?

• Was möchte ich konkret ausprobieren?

• Was verändert sich, wenn ich meinem Rhythmus wirklich vertraue?

Schreibe, zeichne – lass deinen Gedanken freien Lauf!